Let It Be

何必刻意

何必刻意

追寻梦想

淡定从容又何妨

季小军 著

Let It Be

中国人民大学出版社

·北京·

CONTENTS

目录

自　序

终于我也不能免俗，出书了。

早在几年前就有人找到我，说要帮我出书，但一直以来我也没怎么上心，总觉得出书一事离我很远。

我不是神童，我不是天才，我也不是高考状元，我没上过哈佛，我也不是IT精英、商界新贵，我更没有做出只用十美元就环游世界之类的惊人之举，我只是千千万万来自普通家庭按部就班通过读书考试上大学而后工作的人当中的一员，一步一步走来，没有任何惊喜，没有任何捷径。

换句话说，我就是一个普通人，只不过正好在电视台工作，我的故事也只是我的故事而已，又会有谁对我的个人故事感兴趣？正是基于这样的原因，虽然平时偶尔也码点文字，但一直以来都没有考虑过要出书。

有几个原因促使我改变了最初的想法。

这几年常有机会和观众交流，发现很多朋友似乎对我的经历很有兴趣：你是怎么学英语的？你是怎么进电视台的？你是怎么当上主持人的？你是怎么当上奥运会司仪的？你对大学生活怎么看？对留学怎么看？慢慢地我决定把自己的故事说出来和大家分享。虽说这些都是很个人的经历，但正因为我和大家一样都是普通人，对年轻一些的朋友来说，我的感悟他们可以借鉴，也许我走过的弯路他们就可以尽量避免，而那些和我一样出身普通家庭的朋友也许可以多一点信心，至少我可以告诉他们：不管出身什么家庭背景，不管遇到什么挫折，只要坚持努力，我们是可以给自己带来改变的，我们是可以给自己创造机会的。

还有一个原因就是非常个人的考虑了，到今年我在电视台工作已经十二年了，从在电台做兼职主持人开始算起也已经入行二十年了，而今年我也到了“男人一枝花”的年纪，这些似乎都在告诉我应该做点什么，纪念一下。但纪念只是一方面，更重要的是我希望能有机会给自己做一个小小的总结，停一下，回望来时路。有时走得快了，我们就忘了我们从哪里来，要往哪里去。如果能停一下，放慢脚步，思考一下，也算是给自己一个交代。

我在1990年背着行李来北京求学，大二暑假开始在北京电台经济台任客座主持人，毕业后到教育部国际合作司工作，四年后赴英国诺丁汉大学留学，回国第二年加盟中央电视台英语频道任主持人，先后主持各类英语节目、双语节目、各类晚会以及《绝对挑战》、《中华情》等中文节目，2008年出任北京奥运会开幕式及闭幕式英文司仪，并在此之后出任残奥会、上海世博会、哈尔滨世界大冬会、全运会、广州亚运会、深圳大运会等大型活动的司仪主持人，一路走来，自我评价是“还比较顺”。

但怎么理解“顺”与“不顺”？其实顺与不顺都只是我们对外部世界的一个主观看法，是我们内心的感受。当现实低于我们的期待的时候，我们就会产生强烈的失落感，时间长了我们自然就会觉得“不顺”；反之，如果我们的期待少一点，低一点，也许我们就有更多的机会去感受“顺”。这个世界是怎么样的终究在于我们用什么样的眼光去观察。

“顺”与“不顺”还在于凡事是顺势而为还是刻意追求。从学生到公务员，从留学生到主持人，从英语节目到中文节目，从电视节目再到大型活动的开、闭幕式，每一次的转变似乎都是一个顺其自然的过程，我从没有去刻意追求过什么，就连最后走上主持之路也是一个个偶然因素综合作用的结果。尽管从小就对媒体有兴趣，但一直以来也没有抱定非主持人不做的坚定信念。从学生到公务员，从公务员到主持人，尽管每次转变都有个人意愿的作用，但每次转变都并不是唯一的选择，我只是在当时可能的条件中综合考虑选择最适合的那一个；而从英文节目到中文节目，从演播室到奥运会，每一次新机会的出现也都不是刻意追求的结果，而只是做好某一阶段该做的事之后出现的一个自然发展。做事，但做完后不去想太多，这样的生活态度带来的一个好处便是，我可以收获更多惊喜。

我也有刻意追求的，我追求的是工作时的态度，不管是什么样的工作，不管是多大或多小的工作，不管是不是个人喜欢的工作，我都希望能做到最好，做到我能达到的极致，因为这是我认定的职业精神。只有把事做好了，我才有资格去评价我喜不喜欢、适不适合。

做事是我们能够掌握的，把能够掌握的做好，其他不在我们掌握之内的因素又何必强求。正所谓，谋事在人，成事在天。在我看来，“谋事”即“做事”，“天”也并不是一个虚无缥缈的存在，而是指各种因素的综合作用，它们往往并不是我们能控制的，既然如此，又何必自寻烦恼。

然而“做事”也在“天”中，“把事做好”更是那些综合因素中极重要的一环，甚至可以促使其他因素往有利的方向发展。有时机会就存在于做好每一件事的过程中，做好一件事往往有可能会带来新的机会。

当然以上都是用“富有哲理”的方式讲述的，直白地说，其实就是我这个人有点懒，想过点简单的生活。我能掌控的只是我自己，那我就“掌控”我自己好好做事，不去理会其他。而对于那些不能掌控的其他因素，或人或事，我实在不愿意去想去琢磨，因为就算琢磨了也不一定有什么作用。反正我能做的都已经做了，该来的总归会来，没来的，想必就是不该来的。

但我这个“懒人”的眼睛看见的竟然多是做完了我该做的事后，有些事就自己来了。

因为做好了在教育部的工作，我得到了留学的机会；因为做好了“学英语”这件事，我得到了在英语频道的工作；因为做好了英语节目，我得到了主持中文节目的机会；因为做好了电视节目，我得到了在奥运会开幕式出任司仪的机会。

真是“懒人有懒福”。

我自认是一个乐观的人，看问题时习惯从正面角度入手，更愿意看见其中的希望。有人说努力了不一定有回报，不努力一定没有回报。我同意后半部分的说法，但对前一部分我更乐观一些——努力了就一定会有回报，只是我们不知道回报会在什么时候出现，会以一种什么方式出现。我们的生活终究不是一个精密计算的结果，不能指望今天做的努力一定会在我们希望的时刻带来我们所期待的结果。

也不是说我对什么事情都没有期望，我当然有。常常做完了事后我也会抱有一份期待，期待回报，期待认可。如果有一天期待变成了现实，我自然会很高兴，如果期待过了很久依然还是期待，我就说，那就算了吧，还开解自己说：该来的总会来的，如果没来，想必有些事是不在我的掌握之内的，既然这样就不想了。再说了，就算没有那些，我现在不也挺好的吗？

不必刻意去追求什么，不是不想，只是不喜欢求而不得带来的失落和烦恼。我是一个简单的"懒人"，亏本生意是不做的，自寻烦恼的事也是不做的。来了就来了，我接着。没想来的时候来了，那就算捡着的，我还可以多一份惊喜，何乐而不为！

"懒人"心态可能会给我们带来更多的快乐。

说了半天好像我已经取得了多大成就似的，其实也没有，但我知道我一直都在努力，我只是希望通过不断的努力去完成一次又一次的自我突破。但我又是幸运的，幸运的是我工作在电视媒体这一特殊的平台，幸运的是我的努力能够被人发现，被人认可。

我只是一个工作在电视台、职业为主持人的普通人。

可我们的社会不正是由一个又一个的普通人所组成的吗？无论政要还是平民，无论明星还是百姓，无论科学家还是小学生，无论老板还是打工者，无论富翁还是无家可归者，无论城里人还是村里人，无论白领还是蓝领，无论何种身份，无论什么头衔，说到底我们都是普通人，我们都是这个社会的一员，我们只是在不同的领域工作生活着，我们只是在不同的人生发展阶段努力着。

父母从小就告诉我，一定要记住人外有人，山外有山。我一直铭记。

常抱一颗谦卑的心会时刻提醒我学无止境，不断前行。

尽管我说过没有贵人的时候自己就是自己的贵人，但我更知道一路走来一定有很多人在不知不觉中成了我生命中的贵人。

感谢小时候在杭州虎跑旅游时遇到的不知名的外国游客，是她让我对英语产生了兴趣。

感谢胡适先生的《差不多先生传》，是这篇文章让当年上初中的我对朗诵产生了兴趣，并由此对主持人的职业产生了兴趣。

感谢赵闵老师将我招入北京语言学院，感谢赵老师让我有机会参加主持培训班，并由此获得在北京电台经济台担任主持人的机会。

感谢北语的马老师在大学四年中的关照。

感谢秦蕾老师在大一的时候招我进入学校广播站，并在搭档过程中给予大量帮助。

感谢北京电台经济台的主持人枫叶、小风、文琳、海东、后老师在我担任北京电台客座主持人时的关照和帮助。

感谢李鲜斌、肖堰、李超兰三位面试官将我招入国家教委外事司。

感谢曹国兴、杨孟、沈阳、黄颖、于绩海、姜锋、单立洁、杨新育、席茹、刘立新、曹士海、赵灵山、张晓东、张晋等所有教育部国际合作司的同事一直以来的关照。

感谢英国诺丁汉大学前任校长 Sir Colin Campbell 邀请我赴英国留学。

感谢杨锐在我留学回国后邀请我参加他的节目，感谢他的大力推荐以及多年以来的帮助和支持。

感谢盛亦来主任、江和平主任带我进入电视行业，感谢他们在我刚入行时的宽容，感谢他们在工作中的大力提携和帮助。

感谢杨福庆、李茂奇、何育杰等同事兼朋友一直以来的关照和帮助。

感谢中国人民大学出版社社长贺耀敏教授的大力支持，感谢本书责编曹沁颖的投入工作。

还有很多人要感谢，原谅我不能一一列举。

更要感谢所有观众和读者的宽容、支持和爱护。

从小作文就不好，匆匆写就的文字远谈不上有文采，只求用这种方式和大家分享我的故事并和各位读者真诚交流。

是为自序。

横塘边的少年岁月

我出生在农村，长在农村，上学后直到高中毕业每到周末假期我都会回到农村，因为那是我的家。村子不大，名字叫横塘。

横　塘

我是浙江义乌人，出生在一个叫横塘的地方。前一段时间回家，听说横塘很快也要旧村改造拆迁了，因为市里准备在那儿建一个大市场，而横塘所处的位置正在规划中的市场的中心。

这些年一说起义乌，大家都知道在哪儿，而且多半接下来的反应就是“义乌有一个大市场”、“义乌很有钱”、“义乌人都是做生意的”、“你们家也是做生意的吧”等等，可谓名扬天下。名气大其实也就是近几年的事，当年到北京上大学，自我介绍说是来自义乌的时候，同学们大多都不知道义乌在哪儿，有的甚至还说：“一屋（义乌）的？你跟谁一屋的？”弄得人哭笑不得。无奈后来我就干脆说是金华的，因为行政上义乌属于金华地区，而金华火腿已经名声远播。那时候连义乌尚且不为人知，就更不用说我出生的地方横塘了。横塘是一个毫不起眼的小村子，印象中也就几百户人家，以金姓和何姓人家为主，离义乌县城五六公里的距离。虽说不远，但以前进趟县城也不很方便，要么骑自行车，要么就先步行几里地走到大路乘公交车才能到。后来村里有人买了拖拉机，赶上他们正好要去城里办事，我们就蹭着搭一段，有时路上碰到了，他们也会主动停下来招呼我们上车。现在当然不一样了，路修得很好，开车十几分钟的事，而且从行政区划上来说，横塘已经被划入城区，原来的乡变成了街道，如果规划中的市场真的开工建设了，这儿就热闹了。

真是一不小心成了城里人了。

拆迁后村子就不在了，我家的老房子也要拆了。从出生到上小学前，我一直生活在老房子里，后来上学了每到周末假期都会回来，直到上大学后父母在城里买了房，回来的时间才渐少。

老屋阳台上的栏杆是自制的，老屋内小院子里有一口小井也是我们自己打的。在有电视机之前，大家都习惯坐在门口聊天。

老房子一半是以前的老宅，都是木结构，据说已经有一百多年了，在老宅大客厅见过一个老式风车，上有清晰的“光绪”字样，看来老宅就算不是光绪年间盖的也有百年历史了。老房子的另一半是后来新修的，虽说算“新”，但也有四五十年的历史了。家里有一个小天井，天井中有一口水井，那是在我上初二的时候我们自己凿的，记得还是我敲的第一锤。完全靠手工打了十米深，后来又请人用钢钎往下钻了十米左右，终于见到了一股清泉冒出，大功告成。

光绪年间的风车

以前看书的时候发现一个共同点，即但凡是个村子，村口都有一棵大树，这个规律在横塘居然也应验了。村口有一棵樟树，只是不算很大，另外还有三口池塘，一字横着排开，村子因此得名“横塘”。当年也没有什么起名委员会，所有村子的名字就只能就地取材，约定俗成，叫的人多了，也就成了正式的名字。旁边还有几个村子叫什么“×××殿后”，或“×××殿口”，想必当年是有一个庙的，而这个村子就在庙旁殿后，就得了这个名字。现在庙是看不见了（但几年前好像信众复建了一个，香火很旺），名字却留了下来。但这些名字毕竟只是口头流传而成，具体用哪几个字大家都不是很清楚，也一直不太关心。这几年生活安定后各地开始修族谱修村志什么的，选用哪几个字就成了件大事，毕竟白纸黑字的，这是正式命名，一定要选一些叫得上口又有高雅寓意的好字。

还好对横塘来说没有选字的问题——一字排开三口池塘：横塘。横塘所得名的三个池塘对村里人的生活却非常重要。记得小时候这三口池塘的水还算清澈，重要的是它们绝对是多功能池塘，洗衣服在这儿，洗菜在这儿，养鱼在这儿，夏天大人小孩洗澡还在这儿。而且大家对三口池塘的分工有个不成文的约定，比如靠村东头的这口池塘种满了莲藕（因此得名“荷叶塘”）；靠中间的这口塘名为“中心塘”（多形象！），它最大也最重要，洗菜洗衣服都在这儿；村西头的那口池塘叫“里横塘”，想来一定是住在村东头的人抢到了命名权，把西头的池塘叫做“里面的”塘了。在荷叶塘旁有一口水井，大家在塘里洗完衣服洗完菜后都会在这儿用井水再淘一遍。

村里三口池塘已被修葺一新

小时候我没少在这几个池塘里玩，比如在这儿“自学成材”学会了游泳，泳姿当然主要是“狗刨式”了。最喜欢的姿势是把头潜入水中，侧身，两只手并拢一起滑水，游得飞快，后来听说“蛙泳”之类的才是正确的游泳姿势时，我还有很长时间转不过弯来，觉得没有狗刨来得快。

当然水中的活动远不止于此。南方人喜欢吃螺蛳，尤其是在夏天，螺蛳绝对是一道上等好菜。关键是这道菜不用花钱买，也不用种，只需在池塘里“摸”来即可。摸螺蛳也是我喜欢的水上运动之一，经常拿着一个盆就出去了，把水盆往水上一放，憋着一口气，一个猛子就扎了下去。在水里眼睛是不睁的，一是觉得水不干净，二是眼睛里进水不舒服。闭着眼睛在水底和岸边石头缝里一通扫荡，最喜欢的是在水底摸到石头，把石头翻过来，通常都能扫出一把螺蛳。有一次扫荡扫到石头缝里居然还摸上来一条鲫鱼，可怜的鲫鱼晚上就变成我的盘中餐了。摸来的螺蛳通常要在盆里放两三天，待它们吐完了泥，水变清了才炒。按本地的吃法，我们总是把螺蛳屁股剪了再炒，吃的时候用筷子一夹放在嘴边一吸就成。小时候的经历让我一直喜欢螺蛳的美味，只是日后每次碰到没剪过的螺蛳要用牙签才能吃到的时候，总觉得少了点味道。

后来有一阵子忽然迷上了钓鱼，那时候池塘已经被养鱼人承包了，不让随便钓鱼。好在我要钓的不是大鱼，都是手指粗细的小鱼，养鱼人刚开始还时常溜达过来看看动静，后来觉得小孩子也钓不上来什么大鱼，也就见怪不怪，转移目标了。鱼具纯属自制，有几样材料是要买的：鱼钩、鱼线和铅坠，那时常有“鸡毛换糖”的货郎挑子来村里，买起来也方便。还有两样就要就地取材了：鱼竿和鱼漂。先说鱼竿，见过专业钓鱼人多半是用竹竿，我也就四处寻摸找了根小细竹竿，将鱼线往上一系完事。接下来是鱼漂了，材料也很简单，就是鹅毛杆。每次制作一个新鱼漂，村里的鹅就倒霉了。我总是猛追一气，在鹅还没醒过味儿来的时候一把抓住，用力拔下一根羽毛，把根部剪成若干段，再用针将鱼线穿过，再将铅重配好，鱼具制作成功！后来不知道是得罪鹅过分了，还是鹅也记仇，有一次被鹅追得满处跑，最后还是被狠狠地啄了一下，真是应了这句话——出来混，迟早是要还的！

要钓鱼自然还要有鱼饵，用米糠之类做饵实在太过复杂，简单的是拿着锄头到门口路边随便一掘，必能掘出几条蚯蚓来。不知是技术问题还是鱼饵问题，鱼儿总是不上钩。我自然不能承认是技术问题，就算承认了也改不了了，一定是鱼饵的问题！换！换什么呢？那会儿是夏天，我居然想到了处处都挥之不去的苍蝇！这事搁现在绝无可能，想想都恶心。可在当时当地也就这样了，没想到鱼儿居然还挺喜欢这一口！每次居然也能钓上几条来，美得我屁颠屁颠的。晚上餐桌上自然是又多了一道菜，只是每次吃饭的时候都要检查一下鱼的内脏掏干净了没有。

三口池塘之间有两条小路分隔，其中一条还跟我的第一次“离家出走”有关。说离家出走其实有点言过其实了，不过是有一次，忘了是几岁的时候了，应该是我做了什么错事被父亲骂了，我就跑了出去，到了晚上也不敢回家。等到了该吃晚饭的时候还不见人，全家人开始四处寻找，到处喊我的名字，生怕我出了什么意外。其实我压根儿就没走远（再远我也不敢走了），就蹲在“荷叶塘”和“中心塘”中间的小路上。他们的叫喊声我都能听见，但就是不敢答应，还是一个同村的路过时看见我蹲在路上，纳闷怎么天都黑了这儿还蹲个人呢，一看，“这不是小军吗？你们家人在叫你你怎么不回家啊？”不由分说一把把我拉起来带回我家了。第一次的“离家出走”就这样收场，现在只记得这些了，忘了回去后挨没挨揍。前几年回老家的时候，我还专门回到那条小路拍了张照，以示留念，只是当年的小路已经变了模样了。

“离家出走”纪念照

在老家还有过一次疑似被蛇咬的经历，大概在我还是六七岁的时候，有一次跟着几个村里的大人去隔壁村看电影，走的时候还是傍晚，等电影看完回来已是深夜。回村的时候要经过长长的田埂路，田埂路本来就不宽，但为了提高用地效率，农民多会在自家田地旁的田埂路边种上黄豆绿豆什么的，夏天正是叶子长得茂盛的时候，走在路上基本看不见地面，只能凭着感觉往前走。那时候正是夏天，我穿着短裤凉鞋，走着走着忽然觉得脚趾被什么东西扎了一下，也没太在意，接着往前走就回家了。到家后倒头就睡，一宿睡得倒是挺香，只是第二天早上醒来的时候觉得脚上胀疼得厉害，再一看，可了不得了，脚已经肿得像个馒头，下不了地了。

家里人一看也慌了，问我发生了什么，我说就记得昨晚回家的时候在路上被什么东西扎了一下，大家说不会是被蛇咬了吧。

事不宜迟，当天下午母亲就决定背着我去看大夫，家里有一个亲戚懂草药，母亲决定先上他那儿看看。在炙热的太阳下走了很长时间，母亲满头大汗地背着我终于到了亲戚家。他看完我脚上的伤后倒不显得怎么紧张，给我放了放血，然后敷了敷自制的草药膏，临走的时候又配了点草药，说回家接着泡接着敷，过一段时间就好了。亲戚医术高明，回家后不久脚上的肿真的退了。

我是真的被蛇咬了还是被什么毒刺扎了？这个疑问到现在都没弄明白，但不管是什么，没出危险就是万幸。

都说环境对一个人的成长的影响是巨大的，对此我深信不疑。这就是我出生长大的村子，我不知道这样的经历是怎样影响我的人生观和价值观的，但我知道这种影响一直都在。

村里的三口池塘陪伴了我的童年时光，从出生到上学前，我都生活在横塘，直到有一天，我还在外面疯玩的时候，外婆忽然出现，拉着我的手说，还瞎玩呢，该收收心了，你都七岁了，要上学了。七岁是虚岁，而第二年虚岁八岁的时候，我真的要上学了。

忽然意识到，我连幼儿园都没有上。

我上小学了

终于要上学了，在八岁的时候，父母把我带到了他们工作的地方：柳青。柳青是一个比横塘大一些的村子，父母都在那儿教书，父亲教初中，母亲教小学。

现在每次和父母说起我读小学的日子，他们都会说我上小学那会儿还是特别贪玩，但奇怪的是就这么玩着学居然成绩还不错，他们也找不出什么原因，就说一定是因为我再怎么贪玩，上课时的四十五分钟内我的注意力是高度集中的。看来是学习效率问题了。

学习的事倒没记得多少，但我记得小学的时候曾经交不起学费，曾经捡过糖梗皮，曾立志要当专业乒乓球运动员，打过排球并当过小学校队队员。

还是一件件说吧。

一

先说学费的事。父母都是教师，这在当年就算不错的条件了，双职工，有粮票，每个月还有工资。听起来还不错，但往细了说就会发现没那么梦幻了。父母两人的工资加起来也就五六十块，还真是上有老——爷爷奶奶外公外婆，下有小——两个姐姐一个哥哥还有我。我虽说还小，不太懂大人的事，但也知道父母每个月都在做计划：这个月工资有多少，奖金有多少，哪儿处要花钱，要花多少钱，还能剩余多少，或者还亏空多少，如果预算有亏空的话要琢磨从哪儿省出来，恨不得下个月的工资还没发下来，每一分钱要花在哪儿就都已经确定，容不得有任何意外。相信那个年代的父母都有这样的经历，每一位有过这样经历的父母都能当一个合格的精算师，只可惜当时没有这样的职业。

然而就是如此精算，还是有接不上的时候。后来学英语时学到“to make ends meet”的说法，觉得真是再贴切不过了。好像是四年级的时候，终于有一天两个 ends 不能 meet 了。开学了，我要交学杂费，记得大概是六块多钱，这在当时是一笔不小的费用，家里钱不够，怎么办?

母亲是三年级的班主任，班主任的工作之一是要收班里学生的学杂费，收齐了以后统一上交学校。作为班主任母亲手里有收上来的学费，但那是公款，是要上交学校的。贪污不可能，可我的学费也该交了，还没有出处。想了半天，母亲想到了一个不是办法的办法，她决定和学校打个招呼先从学费里借钱交上我的学费，等到下月自己发了工资再把钱还上。好在时间不长，学校同意了。按说我还小，很多事我都不是很明白，但这件事我却一直记得很清楚。

相信在那个年代有无数的父母都遇到过这样的困难，可是日子还是一天天地过去了。能把紧巴巴的日子过下去，甚至还过出滋味来，这是门艺术。从这个意义上来说，当时的很多父母都是过日子的艺术家，只是艺术的流派有所不同，大家过日子的方式也有所不同罢了。

现在日子越来越好了，社会每一天都在发生着变化，买了房子，开上了汽车，我们甚至都忘了以前的日子是什么样的。其实那样的日子离我们并没有那么远，只是我们赶上好机会，我们有幸经历了变化，见证了变化，参与了变化。对比 70 后、80 后或是 90 后其实没有太大的意义，每一个年代出生的人都不可避免地体现了那个年代的时代特征，谁都不能置身其外，我只是正好出生在 70 年代。

二

在如此困难的条件下供孩子上学，还要尽可能地排除其他一切干扰，绝不是件易事。和所有家长一样，父母对我们有很高的期望。还好，尽管我很贪玩，可成绩还不错，所以尽管他们有时还是忍不住要说几句，总算还有成绩保底，没有太多问题。问题是父母除了成绩以外还十分关心过程，学习态度啊，上课是不是认真听讲啊等方面都被列入考察范围。更严重的是，由于父母都是本校教师，我在班上的任何一点风吹草动都会通过各种渠道传到父母耳中，这使我郁闷无比。

最悲惨的是在三年级的时候，我原本不在母亲当班主任的班里，但她的班就在我们班对面，早读时她经常过来看看，看我是不是认真读书了。其实我还是挺享受早读过程的，尤其喜欢“有感情地朗读课文”之类的要求，可能以后对朗诵的热爱就是从那个时候开始的。可问题是我总有开小差的时候，结果有一次开着小差被母亲“逮”个正着，被教训一通不说，母亲还决定把我调到她自己的班上，从此就开始了我在小学最没“地位”的一年。

母亲对我要求十分严格，不光是在学习上，在和同学相处时更是如此。母亲的原则是我自己孩子在班上绝不能有任何特权，不仅如此，和其他同学比起来，标准要更高。于是但凡我和同学发生点小矛盾，不管事实如何总是我的错，以至于每次同学都会说“我告诉你妈去”，一听到这句我就老实了。就算是教师子弟也不能有任何特殊待遇好像是父母两人共同的原则，小学时母亲就当了我一年的班主任，而在初中三年父亲都是我的班主任，他们好像时时刻刻都在传递这样的信息：别指望我们，也别指望别人，靠你自己的成绩说话。

三

每天上学我有两个任务，一是带全家的饭盒到学校食堂，老师及家属都在食堂蒸饭，放学后我再把蒸好的饭带回家。第二个任务是背上一个竹筐，不是采蘑菇，而是捡糖梗皮。

所谓糖梗学名竹蔗，或青皮糖梗，据说是本地区的特产，其实和甘蔗差不多，比甘蔗硬，但更甜。义乌的特产之一是红糖，义乌红糖就是用糖梗所榨的糖水熬制而成的。当然红糖还有二次加工产品，如用红糖加工成糖饼、棒棒糖、芝麻糖、生姜糖等红糖产品。早年间义乌人挑起货郎担，摇起拨浪鼓，走南闯北到全国各地吆喝“鸡毛换糖”，著名的义乌小商品城就是在这个基础上发展而来的。扯远了，除了可以用来制作红糖以外，糖梗也是老百姓爱吃的……水果？……营养品？……零食？不知道用什么词儿描述最为准确，一句话表述就是大家都爱吃，吃完的糖梗皮或渣就随手一扔。当时城市化文明还没有进展到所有垃圾都要进垃圾桶的程度，所以随吃随扔是大家都认可的习惯，这就为我捡糖梗皮提供了广阔的空间。捡了何用？当燃料。学校食堂管蒸饭，但菜还是要自己做的（买学校食堂的菜太贵了），燃料何来？那会儿好像还没有煤气，有煤油，但太贵。可以烧煤，还是贵。怎么办，来点不用钱的吧，糖梗皮遍地都是，晒干了就是绝好的柴火，不要钱，纯天然！还环保！

可问题是我是教师子弟，父母又都已在柳青教书多年，育人无数，有的甚至两代人都是他们的学生，作为教师子弟的我们大家自然都认识。当时尽管生活都不富裕，但捡糖梗皮的好像也不是很多，而一个当地“名师”的孩子居然在捡糖梗皮！而且还不止是一个人，是两个！——一度是我和哥哥两人同时捡，他一直捡到初中。人们似乎都很不理解，你们不是双职工吗？不是两份工资吗？不是有粮票领吗？和任何时候都一样，局外人永远都不知道局内人真正经历的是什么。要把困难的日子过下去而且还要过出滋味来，真的是艺术家的工作。

父亲好像还颇有些艺术家的感觉。为了鼓励我和哥哥更好地完成捡糖梗皮大业，父亲特意画了一张表，上面画着两个柱形图，分别标注着我和哥哥完成的工作量，谁先到达一定的标准，谁就有奖。奖品是——一根油条！那可是我的最爱，三分钱一根，最喜欢的吃法是把油条撕成一小段一小段然后放在咸豆浆里，真是美味啊！虽说奖品中没有豆浆，但光是油条的动力就已相当巨大了。有的时候奖品也会改成烧饼，那是义乌的烧饼，脆脆的，里面是梅干菜肉。不管是油条还是烧饼对我来说都是莫大的吸引。不知道是不是那个时期的影响，我一直到现在都很喜欢吃油条和烧饼，尤其是义乌烧饼，也喜欢把油条泡在咸豆浆里，前一段时间听说有一家豆浆连锁店在北京取消了咸豆浆，我还遗憾了半天。

比赛每天进行着，我每天都关注着父亲用红笔画出的柱形图到哪儿了，渐渐地我就发现每次都是我赢，高兴得不得了。其实我不知道的是，从一开始这就是为我设计的。那时候哥哥已经上初中，年纪大了脸皮薄了就不太好意思再捡了。另外他功课也多，学习也忙，更重要的是，他早就看穿了父亲的“把戏”，一个劲儿地让着我赢。父亲自然知道其中的关系，之所以设计这样一个表格就是为刺激我内心想要赢的那根弦，而我果然很配合地上道了。再到后来，哥哥就不再捡了，我一直捡到小学毕业。离开柳青多年后遇到柳青的熟人，他们都会说起——哦，你就是那个捡糖梗皮的！

四

和其他小孩一样，小学的时候我也最贪玩，一到课间总是第一个冲出去。也许那时候抓特务的电影看多了，心中的偶像就是那些地下工作者，课间游戏时还不自觉地把自己当作地下党了。那时候小朋友之间时兴谁和谁好，谁和谁是一派的，要是谁不和谁好了，换了“派别”了，这个人就会被称作是“叛徒”。作为自封的“地下党”，有时在课间上厕所的路上碰到同一“派”的“同志”，在错身而过的时候还会特意压低声音说一声“谁谁谁已经叛变了”。传递信息倒在其次，我享受的是当“地下党”的这个过程，在传递信息的过程中（不管什么信息），俨然我已经成了电影中那个英雄一般的人物。不过说归说，放学的时候还是和那个“叛徒”一道儿回家，该干嘛干嘛。

小学期间你追我赶是常有的打闹方式，有时也会有意外发生。

我所在的柳青小学是一个老祠堂改造的，大厅里还有旧时的柱子。柱子本身是木制的，但基座却是石头的。有一次玩疯了，满场乱跑，一个不小心摔倒在地，左手正好打在了石制基座上，站起来后手疼得抬不起来了：脱臼了！

同学赶紧告诉老师，老师赶紧通知父亲，父亲当天下午就用自行车带着我去看一位据说很有经验的正骨老中医。老中医果然厉害，咔嚓一下就把关节合上了，只是那一下疼得我一通哇哇乱叫直冒虚汗。

敷了点药打上夹板后就回家了，第二天回到学校接着上学。就算有只手受伤了吊在脖子上，但要我待着不动是做不到的，课间还是玩闹，只是加了一份小心而已。

同学间打架也是常有的事，打起来的时候大家可不管你是不是教师子弟了。打架有输有赢，但不管输赢，打架的事一旦被母亲知道，等待我的都是一通数落。输得最惨的一次是和一个男同学打了起来，他用的是男生最不齿的“招数”：用手指抓，结果虽是我把他压在身下，脸却被他抓出一道道血印，至今脸上还留有那时候的印迹。这次“战败”后母亲倒是没怎么说我，只是看见我脸上的惨状后心疼不已，还直担心破相，莫非她知道以后长大了我要当电视主持人不成？

小时候的一大爱好是四处乱窜，上小学前在横塘我几乎去过村里所有人家，上了小学后在柳青还是这样，走一路玩一路。记得有一天是周末，按计划那天下午我们要从学校回家（横塘），结果玩着玩着我忘了我是出来玩的，一个人就往横塘方向走了。走在大路上又突然兴起，自个儿开始玩起闭着眼睛走路的游戏，刚走两步就觉得脚下一空，掉到路旁的田里了，而大路和水田间有一米多高的落差！田里土质松软没摔伤，但我的脸却划伤了。原来大路是水泥砌成的，我摔下来的时候等于是擦着马路边沿来了个自由落体，左侧脸颊温柔地和坚硬的水泥来了次亲密接触。疼得我正想大哭，可发现旁边也没人，博不了同情，只好自己捂着一张血肉模糊的脸继续往家走。

我这边发生了状况，父母和哥哥却是全然不知，他们正在找我呢。该回家了人却不见了踪影，情急之下几个人只能分头寻找，找了半天才听有人说我可能已经自己往家的方向去了。几个人火急火燎地往家赶，果然看见我已到家，正想发作，却发现了我脸上的惨相，一问才知道是路上发生了状况，又是生气又是心疼，一时竟不知该说什么了。

还好这次破相没在脸上留下什么印迹。

五

小学时最爱的运动是乒乓球，其次是排球。乒乓球绝对是全民运动，不光学生爱玩，老师们也喜欢打，关键在于容易上手，场地要求不高，有一张乒乓球台子就成，没有正式的木制台子，水泥的也行，没有网子，中间放一排砖头就可以开战。

课间十五分钟也是要打球的，只是苦于球桌有限，必须要抢，先到先得。每到快下课的时候，大家基本已经不在听老师说什么了，都做好了冲刺的准备，铃声一响，就各自以超音速的架势直奔球台而去，冲到台子前就把整个身子扑在上面，那意思很明显——江山已定，众卿回府吧。奇怪当时我们当中怎么没有出现一个刘翔。

有的老师爱拖个堂，铃声响了也不说下课。等终于能走了，我们冲出去时已经晚了，桌子早已被占，只好站在一旁观战，过一会儿就跟同学商量着说让我玩一盘吧，就一盘，输了就走。头几次同学们都大度地同意了，结果是等上课铃响了我还在庄上（一直没输!）。可惜这种把戏玩了几次之后就不灵了，同学们再也不让了。

一度对打乒乓球喜欢到痴迷的程度，课间打，放学以后还打，总要玩一会儿以后才到食堂把早上拿到那儿蒸的全家的饭拿上回家。

打着打着居然还打出了点名堂，好像是学校要组织一个校队参加一个什么校外的比赛，我竟然被光荣选中（想当年还是有点水平的）。得知被选入校队那天着实兴奋了很长时间，当天放学后就决定去练习——我是校队的！我要认真练习！我要废寝忘食！

那天我真的练了很长时间，一直到天黑还在练（其实就是玩）。那时应该是看过什么励志的文章，什么“人生能得几回搏”之类的名句一定在脑海中浮现过，要么就是刚学了“废寝忘食”这个词，觉得既然我已经是专业的了（不知道我是怎么得出这个结论的），就应该认真练习，废寝忘食！废寝忘食！

结果不光我自己忘食了，我还把我每天的重要任务忘了——拿饭回家！那天母亲早早地就把菜做好了，全家就眼巴巴地等着我把饭拿回家好开饭。结果左等不来右等不来，快天黑了我还是没见人影，父亲担心是不是出什么事了，决定亲自来看看，结果发现我居然还在打乒乓球！被臭骂一顿不说，差点还禁止我再打乒乓球。那次比赛最终我还是参加了，只是成绩不怎么样，预赛就被刷下来了，当专业运动员的梦想自然没能继续。

和乒乓球相比，打排球的时间还长了些，离所谓“专业”还近些，因为我不仅被选入校队，还参加了区里和县里的比赛，甚至到后来上大学了，还在系队里混了几天。

不知道是因为我参加这些运动体现了我的运动天赋，还是就因为我嗓门大，有一次我还被指定为校广播操比赛时的领操员。所谓领操员要做的工作不仅要领操，还要喊口令。那是第一次众目睽睽下的表演，心里紧张得要命，不过脸上没怎么表现出来，临开场竟还有种豁出去的感觉。比赛当天由于领操员声音洪亮，全班动作整齐标准，我们班还得了个一等奖。

小学五年的日子基本还是以玩为主，以学为辅，这和一贯认真学习的哥哥形成了鲜明对比，但好在我的成绩也还不错，省去很多麻烦。一个人长大后会是什么样子在小学的时候已经隐然出现了一些迹象，对我来说，打乒乓球和排球培养了我对运动的热爱，但这种喜爱也只是为了享受运动带来的快感，而非为了成为专业运动员（估计和当年“废寝忘食”被废有关）；早读时对“有感情地朗读课文”的偏爱培养了后来对朗诵的喜爱；领操员的经历培养了面对压力时的处理方式，以后各种直播乃至奥运会开幕式只是压力方式和程度不同而已；而捡糖梗皮和母亲借学费的经历让我感受到了生活的不易，更是影响到了我后来的消费观，甚至还有社会观和价值观。

当然更大的可能是以上种种关联都是我现在生拉硬拽的结果，小学的我不可能想那么多。

小学毕业了，当时学校还有个通行的做法，所有毕业生的成绩要做排名并向社会张榜公布。公布那天心情忐忑地来到学校操场旁边的空地看结果，就像古时科举考试后看发榜一样。

我终于看到了我的名字——第二名　季小军。比第一名少了 0.5 分。

还好。

读书人家

村里人提到我们家的时候一般都会说，这是一家读书人，或曰知识分子家庭，或曰这是书香门第啊。其实也说不上什么书香门第，父母都是教师，父亲教初中，母亲教小学。不过在他们成长的那个年代，读过书的人本来就不多，靠读书出来工作的人就更少了。

说起来外公倒是更为难得，外公生于 1911 年，辛亥年老人，上过私塾。在温饱都不能保证的年代，外公能有机会上私塾，说明家里条件还不错，至少也是个小康。只是外公终究没能靠读书有所发展，终其一生都是面朝黄土背朝天，但总归是认得字的，有时我们放学回家，外公会拉住我们问这个字那个字的。他小时候学的是繁体字，很多简体字他是拿不准的。

外婆比外公小三岁，没上过学，在那个年代女学生总是少数。

母亲小时候也上了学，这也不易了，那是在上个世纪 40 年代，兵荒马乱的，要读书可不是件轻松的事。外公读过私塾，但仍是老思想，认为女儿么认得几个字就行了。外婆不识字，却非常执著地坚持要供母亲继续读书。结果母亲也很给外婆争气，初中毕业后凭着自己的努力考上了义乌师范学校。考师范学校还有一个实际的考虑：师范学校不要学费，还补贴生活费。就这样，母亲毕业后当了一名小学教师，功劳很大程度上要记在外婆名下，正是在外婆的坚持下，母亲读书读出了名堂。

但家里有个读书人生活压力总是会大。听外婆讲，以前她嫁到横塘时还是薄有一些嫁妆的，什么珍珠翡翠的都有，后来一件件地都没留住，要么卖了，要么当了。这是无奈之举，实为生活所迫。可惜当年没有“寻宝”之类的节目，要是按现在的说法，当年的嫁妆估计也算得上是一件件藏于民间的文物了，不一定值多少钱，但多少是个历史的见证，是个念想。

父亲的条件也好不了哪儿去。爷爷奶奶都不认字，但尽管生活困难，读书的信念却是一如既往的坚定，这是全家人的共识，要通过读书改变生活，改变命运。当各方面基础都不如所愿的时候，只有靠自己的努力去改变命运，这也是父母亲后来一直灌输给我们的理念。

出于和母亲一样的考虑，父亲初中毕业以后上的是金华师范学校，这样家里负担小些。年轻时候的父亲也是多才多艺，能歌善舞，毕业后教初中，主教数学，兼教音乐。

不断努力只是想告别面朝黄土背朝天这种靠天吃饭的命运，只是想从乡村里走出来，最终我们走出来了，而这是几代人不断奋斗的结果。

靠读书改变命运，这不只是我们一家人的认识，这在当年的义乌几乎已是共识。

尽管条件艰苦，父亲和母亲终于都坚持了下来，他们有了一份正式的工作，可以靠工资维持生活，而我们家也成了别人口中的“读书人家”。

作为读书人家的孩子，我们的很多习惯还是相当符合人们对“读书人家”的期待的。我和哥哥都喜欢看报纸，这是父亲的影响，所谓关心时事的习惯就是从小养成的。那时候家里没有报纸，就到村里的“代销店”里蹭报纸看。从小就开始看书，还记得我看的第一本小说是《岳飞传》。前一段时间参加电视剧《岳飞》的开机仪式，我还颇有感慨，说起岳飞、岳云、牛皋、杨再兴等人的故事感觉信手拈来，旁人都说这个主持人真敬业，准备真充分，岂不知这是儿时就开始的“准备”了。

真正让全家“名扬全村”的是父亲的另一项技能：书法。全村人都喜欢父亲的毛笔字，尤其是在过年的时候。过年都要贴对联，而当年还不流行上商场买对联，通行的做法是，要么自己写，当然写得好坏就两说了，毕竟理论上说，对联一旦贴上去就要贴一年的，写得不好实在有些说不过去；要么就请村里写得好的人代写，父亲就成了那个代写的人。刚开始也就几个人，慢慢地，名声就传了出去，于是前来求字的人越来越多，再后来就成了规定动作。每到过年的时候，同村人都会拿着一叠红纸来家里，请父亲帮忙。父亲是个热心人，也好个面子，来者不拒，乡里乡亲的也从不收费，同时自己还得准备毛笔和墨汁。每次有人来，父亲都颇有服务意识地问人家要写点什么啊，有的人准备了自己喜欢的句子，而大多数人都说，你看着写吧。每当看见自己的作品被贴在村里村外的门上时，父亲的言语间总不禁流露出一份自豪和成就感。

字写得好，服务态度又好，还不收费，自然是广受欢迎。于是每到快过年的时候，家里总是热闹非凡，客厅桌上地上铺满了等着晾干的父亲的“墨宝”。为了做好服务工作，父亲还专门买了几本对联书，我和哥哥的工作就是翻书找对联，由此我还一度喜欢看对联书里的传奇故事。

父亲一直想让我和哥哥接班写对联，每到暑假就让我们练习书法，无奈本人实在是悟性不够，定力不够，坐不住，耐性也不够，练了两天就着急：怎么还没有长进啊。经过两个暑假后终于放弃，父母一看，看来不是这块料，也就不再坚持了。

直到现在，村里人见到父亲时还问什么时候还写对联吗，父亲总是说现在年纪大了眼力不济了精神也不好了写不了了，言语中多少透露着对我们未能接上班的遗憾。

按户口来说，作为“读书人家”的我们都是“城镇居民户口”，是属于有粮票一族，名下没有耕地，无须下地劳作。而事实上，我们家所有的“城镇居民”一直也没少干农活，并且不是像现在城里人那样偶尔周末去农村玩玩农家乐体验生活，而是真的下地，真的干活。我们一直和外公外婆住在一起，他们属于“非城镇居民户口”，他们有地。

刚开始的时候，我和哥哥姐姐们也就是打个下手，比如收割的时候，大人们在打麦打稻，我在旁边帮着递一下，做个二传手。虽说工作简单，但据说我干得不错，以至于别家需要人手的时候，我还被“借调”出去过，当然也不会有什么报酬，给我的待遇就是一顿好吃的，外加一瓶汽酒（和汽水差不多，但里面有些酒精成分），再加一通甜言蜜语，说得我红着个脸晕晕乎乎晃晃悠悠地就回家了。随着年龄的增长，农活的技术难度系数也就慢慢从 1.0 增加到了 3.1 了。从拔秧、插秧到割麦、割稻再到打麦、打稻，生产线前期后期工作我还都参与了，外加干旱季节用老式的人工踩水车车水等加演项目。工作后经常听人说希望自己有块田种着，回归自然。说这些话的人多半是没有体会过当农民干农活的苦，想要陶冶一下调剂一下没有问题，真要天天“回归自然”估计他们就会发现自己其实也就是叶公好龙。而真正吃过苦有过类似经历的人都会倍加珍惜现在的一切，面对不用天天面朝黄土背朝天的日子，他们常会感恩。

说到农活我们毕竟还是业余选手，根本就没有入段。看着我们经常起早贪黑，旁人看着纳闷，你们不就是一堆人干着两个人的活儿吗，怎么还累成这样？每每听到这样的问话的时候，我们都会有一种哭笑不得的感觉。好吧，自己安慰一下自己吧，我们是读书人家，干这个不是专业的！

作为读书人家，农活儿干得不好，父母好像也不强求，村里人也觉得正常，因为大家都觉得这不是我们的主业。但如果在学业上表现不好的话，麻烦就大了，只是这一点直到我上了学都没有完全体会。

作为“读书人家”的孩子，尤其是教师子弟，我们身上多了一份别人没有的压力：更高的期待。不管我们做什么，如果做得好了，人们就会说：难怪啊，人家家长是老师么，懂教育啊。如果做得不好，旁人自然不会说什么，但父母的眼里显然会多一分失望，就算他们什么都不说，对我们来说都是一种压力。

小学的时候，母亲当过我一年的班主任，初中三年我就在父亲的班里，他是班主任。每天晚上他备课，我就坐在对面写作业，偶尔我也出去找其他老师问问题，回来后继续写。父亲教数学，但在家里我很少问父亲问题，他也一直不明白我是没有问题还是不敢问。

还好我的成绩还算符合人们对“读书人家”尤其是教师子弟的期望，一直都是班里前几名。有一次在数学课上，父亲布置了几道有一定难度的几何题让全班做，那天我也是福至心灵，很快就解开了。父亲布置完问题后就低着头忙别的了，过了一会儿他试探性地问全班有做出来的没有。听得出来，他没有指望谁能那么快，结果刚一抬头见我举手了，就将信将疑地走了过来，直到我把我的解题思路跟他讲了一遍，他才满意地点点头走回讲台。

后来县里组织过一次全县初中的数学竞赛，各个班都推荐了几名同学去参加，我们班有我。做这样的决定对父亲应该是有一定压力的，虽说有举贤不避亲的说法，但在别人看来就有照顾自己孩子的嫌疑。

还好，竞赛的最终结果消除了父亲的压力。同时去参加竞赛的几个人当中，最后只有我获得了奖项，虽说只是个三等奖，但毕竟得奖了，而且是全校唯一一个。

“读书人家”这样的称号对我和父母的无形压力一直都在，在初中如此，后来到高中也是一样。作为激励我更加努力学习的方式之一，家里不断向我灌输“一定要考上大学、一定要考上重点大学名牌大学”之类的信息。刚开始我也就听着，听得烦了就回应说：“为什么啊？凭什么啊？”

嘴上虽那么说，手上却不敢闲着。在学业无形的压力下，其实已经不需要家人再说什么，所有人似乎都已被架在了一个全自动履带上，不管你愿意不愿意喜欢不喜欢，它都在前进着。如果不想到了某些节点的时候（如中考高考之类的）摔得太难看，就只能配合着履带的节奏做好准备。

从中考的结果来看，我准备得还行：我以全校第一名的身份考进了义乌唯一一所省重点中学：义乌中学。

呵呵，我们是“读书人家”嘛。

当民工的日子

高二暑假的时候心血来潮，有一天突然对母亲说我要去打工。

母亲将信将疑，看了我一眼，问道——真的？

打工的意思就是在建筑工地干活，在当地我们叫“做土工”。当时对打工并没什么特别的概念，就知道每天都见很多村里人一大早就骑着车去城里，有人说他们就是去打工的。

做土工是个体力活，辛苦是自然的，但我想试试，除此之外也实在说不出具体原因，只是隐约觉得如果自己能挣出下学期的学费，也算是我长大了吧。尽管那时家里已经不至于付不出我的学费，但也确实不富裕。

再说当时除了干这个，好像也没什么其他机会可以勤工俭学。

找做土工的机会倒是不难，正好姐夫在当地造纸厂工作，他把我介绍给了一个他认识的包工头，包工头有一个工程队，负责造纸厂厂区的一些小基建项目，比如铺个路整个下水道什么的。这些工作我应该都能做，再专业的估计我也干不了了。

第一次工作，靠体力挣钱，内心还多少有些小兴奋，不知道打工的生活是什么样的。

事情很快就安排妥当，说好了第二天就开始上班，工作时间为每天早上八点到下午五点，中午有一小时时间吃午饭。

工钱：每天五元。

五元在当时也不多，但这好像是当时的行价。

想了想当时我每个星期的生活费是七元，学费大概需要七十元左右。五元，算下来至少是我五天的生活费了。

家住在农村，工地在城里。

第二天起了个大早，还真有点兴奋。

和以往看到的去城里打工的村里人一样，我也骑了一辆自行车，那还是父亲当年工作时买的，据说比我还大一岁。

骑上自行车，风驰电掣般直奔工地而去。路程也不远，就四五公里的样子。

工程队果然没什么大工程，就是一些铺路修下水道之类的“小活儿”。虽说都是小活儿，但程序一点儿都不少，都得搬砖、搬水泥、运沙土、和混凝土、拉钢筋、打石块、铺路、清理水沟等等，正所谓麻雀虽小，五脏俱全。和其他熟练工人比起来，我是新手中的新手，属于没什么“技术含量”的低端劳力，更是只能干点体力活儿了。

干了几天活儿下来，脸晒黑了不说，饭量也是大增。第一天按平时四两米饭的量打饭，结果下午没下班就饿了，于是第二天要了五两，还饿；第三天六两，第四天七两，直到第五天要了八两米饭才算是解决肚子问题。虽说下饭的通常只是一个炒冬瓜，而我却吃得异常的香。

到现在我也没有打破一顿八两米饭的纪录。

我们这个队的工友并不多，连我一共四个人，两位年纪大一点，还有一位年纪比我还小，但已经辍学，问他为什么，他说不想读书了想挣钱，他说看书就头疼，干活累点但头不疼。

说起来这也算是我第一次正式接触学校外的世界，第一次与陌生人打交道，第一次感受一个行业的艰辛，也是第一次学习为人处世的规则。

有一次我和年纪最小的工友被分配去清理下水道，天气很热，干得累了我们俩就躲在树荫底下乘个凉休息一会儿，没想到就在此时包工头走了过来，看见我们居然没在干活，脸色立马变得很难看，我们也只好知趣地回到下水道接着干。

不管你是谁，不管是谁介绍的，拿了钱就得办事啊。

早上骑车上班，晚上五点后骑车回家，这样的生活节奏持续了大概一个星期后，我觉得身体有点扛不住了，于是想休息一天再去。母亲说要不要和工头打个招呼啊，我说不用，我说其他工友都是不打招呼就休息的。

事实当然不是这样的，我只是没看见他们打招呼而已。

第二天我真的没去，太累了。

当时要有电话的话一定会被包工头打爆的。

转天上午我刚到工地就被工头叫到办公室，工头脸上的表情有点好笑。他说你姐夫说了，你要想休息的话必须得提前打个招呼，否则工地上就不好安排工作了，你说是不是啊。

现在想想当时他开除我的心都有，只是碍于姐夫的面子不好发作罢了。也亏他想得出用我姐夫的名义来说这番话。

后来一问才知道，原来其他工友都是打过招呼才休息的，只是他们没跟我打招呼。跟我也打不着啊，我又不是工头。

没看见就以为他们没有打招呼，很白痴的一个想当然，但在这之后总算学会了做任何决定前要先和别人沟通。

又干了一个星期后我终于坚持不住了，下学期的学费也将近挣够了，我跟家里说我不想去了。母亲又看了我一眼，笑了笑，她应该早就预见到这一天了。

这次我记住了要和包工头打个招呼。

在那半个月时间里，每天下班回家都觉得腰酸背疼，但第二天早上又得早起，这样的生活我这个高二的学生实在坚持不了几天。

还好我还可以选择，而很多人没有选择的余地，因为他们是家里的顶梁柱，他们是全家生活的保障，不管如何艰辛，他们只能选择继续。

他们应该得到尊重。

不管是什么人，不管他们从事什么职业，不管他们处在什么样的生活状态中，只要他们在劳动着，在付出着，都应该得到别人的尊重。

十五天的打工我挣到了有生以来的第一笔钱，但更重要的是我挣到了一次宝贵的人生经验。

在北京总能看见很多工地上有工人在干活。经过的时候也会在想，在若干年前，我也做过一样的工作。

丰富多彩的大学生活

◎ 我上大学了

◎ 大学怎么过

◎ 我的“干部生涯”

◎ 我在夜总会打过工

◎ 我的“音乐生涯”

◎ 找工作

就像一滴水随着大河来到分岔口，进入哪条支流就意味着这滴水未来的命运。

终于有一天，通知书来了，马上就要揭晓属于我的到底是哪条河流。

我上大学了

转眼间大学毕业已快二十年，要不是台里新来的同事用充满崇敬的口吻说“我是看着您的节目长大的”之类的话残酷地提醒我已不再年轻，我还一直以为自己离开大学也就几年的时间。

长江后浪推前浪，前浪被拍在沙滩上，我看是快了。有人说推断一个人是不是年纪渐长的方法就是看这个人是不是喜欢回忆过去，尽管很不情愿承认自己已经快被拍在沙滩上了，可我现在忍不住在做的不正是“回忆”这件事么，看来是没错了。

来北京上学是我自己做的决定，一方面是从小到大从未离过家门，最远就去过杭州，所以希望上大学能去一个远一点的地方，理想状态是大学毕业了再回到离家近一点的地方工作，如上海，如杭州。另外一个原因是那年刚刚大学毕业的哥哥已经确定要去北京工作，所以我也就决定争取考到北京，兄弟俩离得近，多少有个照应。

考哪所学校却犯了一些踟蹰。北大清华虽然都有英语类专业，但感觉学校太过名牌，掂量掂量自己的实力，估计一时半会儿还够不着。专业院校中，北京外国语大学名气很大，估计吸引的考生不会在少数，竞争过于激烈，风险过大，Pass。另还有北京第二外国语大学、对外经贸大学以及北京语言学院（现为北京语言大学）等几所学校可供选择，综合各种条件，我决定报考北语，一方面相对来说学校规模不大，资源分享的分母较小，每个人分到的资源值也就相对比较大了。另一方面，听说这个学校外国人很多，对于一个语言专业的学生来说，这无疑是一个吸引条件，但至于到了学校之后会如何利用以及能不能利用这个条件倒是没怎么想清楚，但至少理论上有这种可能性。

当年填志愿是在高考结束但分数还没有出来的情况下填的，也不知道为什么会有这样的一种设计，但当时现实就是如此。分数没有出来，所以填志愿时自己的分数基本靠猜，当然也不是乱猜了。高考结束后，义乌所属的金华地区教育部门会出一个官方版的标准答案，我们要做的就是根据还未完全忘掉的考试记忆，对照答案自己估计一个分数，然后再根据教育部门提供的（更应该被称作是预测的）当年浙江省可能的录取分数，自己判断上线还是没有上线，上了什么线，再参考往年各个学校的录取分数线以及该校录取分数线与当年重点分数线的对比情况，然后再将自己的预估分数对照目标学校的预测分数线判断被选上的乐观程度，当然同时还要对照自己的目标学校本年度在浙江省的录取专业及各专业的录取人数，最终做出决定，报考某一学校的某一专业。

但凡没有经历高考填志愿的到这会儿都得晕。说得我自己都有点晕了。

关键是在这个过程中有太多不确定因素，比如自己的估分是否准确，比如自己估分的标准与阅卷老师的标准有多少误差，比如金华地区推出的预测录取分数是否靠谱，比如会有多少人填报哪个学校的哪个专业。太多的因素不在我们的掌握之中，但当时的游戏规则就是这样，愿意不愿意、喜欢不喜欢都已经不重要了。

还好当年考完后感觉还不错，该拿分数的英语和数学都属正常发挥，其他科目一般，但也不至于惨不忍睹。

最终根据各方意见，综合各种考虑，我决定报考北京语言学院外语系英语专业。当年北京语言学院英语专业在浙江仅招四人，法语招三人，我成了那四个人当中的一个。

不想不知道，一想吓一跳。全省得有多少人报考这个学校的这个专业啊，真真正正是千军万马过独木桥。

后来实际分数出来以后，我长舒了一口气，超过重点线五十多分。当时没有网络，但有个热线电话，我还真打进去了，在电话里确认了一下分数，还得到一个信息——我的分数在全省列七十多位。

我是这么记得的这个过程，但后来和别人说起来我在全省排名七十多位的时候，他们纷纷表示怀疑——全省七十多位已经很高了，了不得了，那在学校不得排在第一第二？

时隔多年，我还真不好反驳，毕竟我在我们学校也没有排到第一第二，可那只能说明义乌中学厉害呗。

不管怎么样，我考上大学了！这样的一个成绩在家里也是个交代。

父母都是教师，人们对教师子弟本就多了一份期待，再加上我们几个学习成绩一直不错，大家自然期望更高。按父母的要求，我不仅要考上大学，还要考上重点，光一般的重点大学还不行，还要是名牌重点大学！

我一度的反应是——凭什么啊？我要是考都考不上呢？

这种反应让家里人一愣？什么情况这是？要考不上了？

我只是觉得冤，凭空多了这么大的压力。家里人也觉得冤——我们这不也是为了给你提供一种动力么！

考不上什么的其实也就是说说气话，考前自己心里多少有点底，考不上不至于，这么说就是让他们的期望冷却一下，我也好少点压力。

现在问题解决了，我考上了，而且学校也不错。

考完后的那个暑假是最无所事事的一个暑假，很热，哪儿都不想去。尽管从分数判断觉得自己应该已经考上大学了，但录取通知书还没到手，总觉得有点不踏实。

万一我真的没考上，怎么办？

不是没有这种可能性，从填报志愿到投档到被各高校派到浙江的录取人员选中，任何一个环节出现偏差都有可能造成考生分数已经超过录取线却没被录取的尴尬局面。而有的时候这种情况的发生并不是因为什么人的人为失误，而只是因为环节与环节之间的衔接快慢，或者就是录取人员在面对考生档案时一念之间的选择。

一念之间的决定有时会决定另一个人的命运。

也许是我想得有点多，但等待总是最折磨人的。

说到就读院校，我最想去北京，但在填志愿的时候为保险起见我还填了大连外国语大学、上海外国语大学，好像还有西安的，另外还填了“服从分配”，即如果我填的目标学校都已录满了，录取部门可以将我的档案调剂到别的学校别的专业。如果真的如此，那到时候就不知道我会去哪儿，会要学什么了。

就像一滴水随着大河来到分岔口，进入哪条支流就意味着这滴水未来的命运。

终于有一天，通知书来了，马上就要揭晓属于我的到底是哪条河流。

那天还是很热，我正好在家里，家里来了个邮递员。

邮递员来家里送信是很少见的，通常他们只是把所有的信都留在村里的代销店，因为那是村里人聚集最多的地方，有事没事大家就去店里买点酒喝会儿聊会儿，有点英国酒吧的意思。信送到代销店也就算送到了，然后就得你什么时候正好去代销店买东西，或是村里人看到了跟你打个招呼说一声或代拿一下。

但这次不一样，这次送的是大学录取通知书，一来于考生太重要，二来这是件喜事，大家都高兴，高兴的事大家都喜欢参与，邮递员也是。

“录取通知书来了啊!”邮递员进门的时候好像说的是这样一句话。

母亲当时在家，高兴得嘴都合不拢了。

我倒还好，脸上没什么表情。可能是刚睡完午觉脑子还有点蒙，或是因为等了多日的好消息终于来了，多年的辛苦终于换来了满意的结果了，人却反而有些不知所措，也可能就是后青春期的故作镇静。

但内心却是一阵狂喜，在高兴之余又有一分不安——哪个学校的?

故作不经意地看了一眼信封，看到信封上写着“北京语言学院”，放心了。

信送到后邮递员并没有马上走，只是一个劲儿地道喜。母亲知道要做什么，赶紧让我去代销店里买了两瓶啤酒请邮递员喝。邮递员笑纳了，又说了一阵前途无量之类的话后走了。

虽说考上大学不是他的功劳，但毕竟是他给我们带来的好消息。

忽然想到小说里或戏台上差人高喊“恭喜老爷中举”之类的画面。

这下好了，城市定了，学校定了，专业定了。

北京，北京语言学院，外语系，英语专业。

从未离过家门，这次真的要单飞了，飞得还挺远。

清晰地记得有时我会自己一个人躺在有蚊帐的床上，开始畅想未来大学的生活。会是什么样子呢？听说大学里没人天天来催你做作业了，不用天天复习了，听说大学里的生活十分丰富多彩，听说大学里最看重的不是学习成绩，而是你的综合能力，听说……

畅想了很多，最后暗下决心，大学一定要好好过，我要参加各种活动，充分发挥我的各种能力。

在高中要拼高考没办法，大学了，终于有机会了。

我没有想过这样的决心会让我付出什么代价。

时间过得飞快，该出发了。母亲给我准备好了行李。

听说北京很冷，通知书上说北京最冷可能达到零下十五度，为此母亲为我准备了一床薄被之外还特意请师傅给我弹了一床新被子，用了十斤棉花弹的。

那时候可能已经听说过暖气这回事，但不知道暖气能热到什么程度，总想着多准备点总是没错，多了可以不用，被子不够了到时候可没处寻去。那时候还没有蚕丝被、羽绒被等又轻又暖和的材料，做被子棉花是主料，暖和时少点，冷了就多点。在义乌，不太冷的时候盖三斤五斤棉花弹的被子，再冷了就来十斤的，再把脱下来的棉衣盖在上面，这还没算上厚厚的褥子。

行李都装在一个长长的旅行袋里，同时带上的还有一个双卡收录机，这在当年还是个好东西，家里买了也没多久，我要去上大学了，父母说这是年轻人的玩意，你就带上吧。

1990年9月5日，火车站。

这些年每次在学校讲座说到这个日子的时候，很多在校的90后同学都禁不住“啊”的一声，然后纷纷开始默算自己是在这个日子前还是后出生的。

这声“啊”和“我是看着你节目长大的”有着异曲同工之“刺激”。

全家人都到车站送我，后来每次假期回家姐姐也都会到车站接我。

同在站台上的还有很多去北京上学的学生，分别去不同的学校。多数有家长陪着去学校。这时候我心里多少还有些小得意——我自个儿就行！

其实父亲原来也有计划要送我，只是因为工作原因走不开未能成行。父亲也是老师，我开学的时候他们也开学。

站台上父亲又少不了一番嘱咐，这已经不知道是第几回了。后来都成了规定动作，每次放假回来或临走时，父亲都免不了要来一次长谈，了解一下我的思想动态，再来几个轮回的千叮咛万嘱咐。

我都听着，心里默念——知道了！

乘坐的是从福州发车到北京的第46次列车，29个小时到北京。

火车启动了，人生的新阶段开始了。

一路无话。

第二天到北京，拖着大包小包走出火车站，内心有点小激动——北京，我来了！

几年后有一部热播剧《北京人在纽约》，由姜文扮演的王启明初到纽约的时候也来了这么一嗓子：纽约，我，王启明，来了！初到某地心中又有点踌躇满志的时候是不是都会来这么一下子不得而知，但对我来说兴奋是一定有的。

义乌人在北京。

不知道从什么时候开始，心里就不时冒着一点小冲动，想出去看看外面的世界。从小就在父母的安排下按部就班地生活，这次终于冲出了鸟笼，恨不得还要再来另一嗓子——我自由了。

殊不知自由和责任是相互关联的，自由大了，身上的责任也就大了，自己

“自由”做出的每一个决定所引发的结果都要由自己来承担，这就叫自由的代价。但更多的时候，我们只看到（或是只愿意看到）自由的部分，而有意无意地忽视了“责任”的部分。

刚下火车当然想不了那么多了，那时候想的只是怎么才能到学校。因为比学校建议的时间早了一天来北京，北京站口还没有学校安排来接站的人。不过还好，录取通知书上说得很清楚，先坐地铁到西直门，然后换乘 375 路或坐地铁到积水潭然后换 331 路公交车。

按图索骥，照章办事。

去西直门。

找地铁没什么问题，出了火车站就能看见地铁站。问题是到了西直门从地铁站口出来后，转向了。如今著名的西直门桥那时候还没有改造，我也还没听说版本众多的关于西直门桥如何绕晕各路神仙的故事，但看来西直门容易转向的传统由来已久，我也第一次真真切切地感受了一把指示标志不清带来的严重后果。

想到了父亲 N 多嘱咐中的一句：“路在嘴下”。决定一试。

背着我的行李包和两床棉被外加一个收录机，我站在路边准备问路。

拦住的是一对母女，情急之下也不知道如何称呼，张嘴来了一句“师傅！”

一定不是最合适的，但 do-able（可行）。

母女很热情，告诉了我正确的方向，我也经历了“自由”之旅中和陌生人的第一次亲密接触，独立完成！

顺利坐上了 375 路公交车抵达学校，可问题是学校第二天才正式报到，当时学校没人接待。

怎么办，去哪儿？晚上住哪儿？

磨磨蹭蹭地来到了男生宿舍，居然碰到了一个义乌老乡，87 级的，他非常热情地把我安排在了他隔壁的一间宿舍。

真是天无绝人之路！

每次想起刚到学校的这段经历我都颇为感慨。陌生的环境，陌生的人，对于新生来说，如果这时能有人帮一把，带一下，胜造七级浮屠。

后来去英国留学，临毕业时看到一群下一学年的中国同学已经提前来到学校，我曾主动上前问他们是否需要帮助，说我可以帮着介绍一下学校的情况和他们将要生活的小镇的情况。我并不知道他们是否需要帮助，但这是我刚去一个新环境时希望得到的帮忙，我只是根据自己的经验以己推人而已。

有的时候我们只是需要稍稍地伸一把手，于受助者来说却无异于雪中送炭。

感谢乐于助人的87级老乡。

晚上睡觉前无意中听见我借宿的寝室里有两位高年级同学在进行一次感情生活卧谈会，谈论的话题无非是其中一个男生很苦恼，拿不准正在交往的女生到底是什么意思，是要分手啊还是对哪儿不太满意啊还是别的什么意思。对此事的前因后果全然不了解且从未谈过恋爱的我居然还时不时地插上两句，堪比几年后在电台当客座主持人时以一个学生身份在热线节目中倾听听众诉说家庭情感困惑。

后来这个男生有没有解开心结不得而知，唯一记得的是当时得到的印象——大学生活真的很丰富啊!

第二天，正式报到。

我是一名大学生了!

大学怎么过

报到后不久在学校门口留影，当时穿军绿还是很流行的

大学生活是什么样的？大学生活该怎么过？

大学生活应该是丰富多彩的，在大学里应该参加各种社团活动，学习依然很重要，但似乎不是最重要的。

不知道从什么时候起我对大学生活有了这样的想法。

好像也不需要什么理由，从小学到高中，一直都是学学学，考考考，为的就是在最后高考的千军万马中成功通过独木桥，我学了，我考了，我过了独木桥，那么接下来的大学生活总该有所不同吧。

对于大学生活的了解大多来自哥哥，他在大学里是广播站的播音员，因为喜欢配音，喜欢模仿童自荣，他还去上海找过童自荣的家。哥哥的示范作用明显，后来在大学里我也当了广播站播音员，我也喜欢配音，我也喜欢童自荣。

我没有去上海找过童自荣，但后来在北京电台当了客座主持人后有一次去天津南开大学找同学玩，居然突发奇想带着他们一起去天津电台找从节目中熟识的（单向的熟识，我知道他们，他们不知道我）主持人，在传达室也不知道哪儿来的胆子，竟说我是北京电台经济台的，惹得当时那个节目的负责人兼主持人（不是我最喜欢的那个但也还不错）急步赶下楼来连连问道："哪位是经济台的主持人?"当看到只是几个学生时，脸上表情极为丰富，哭笑不得。不过还好，他居然还是让我们上楼去坐了会儿，我也装模作样地问了一些业务问题，诸如你们是如何把握谈话情绪之类的。

后来机缘巧合我成了职业主持人，而哥哥却下海经商与主持台渐行渐远。

总之从哥哥的描述中我认定，"丰富"应该是大学生活的关键词。

结果大学第一个学期真的过得很丰富，我在各个方面都投入了极大的热情。除了广播站，我还参加了演讲比赛、歌唱比赛、学生干部竞选等等，忽然发现有一个最应该投入热情的领域可能也许大概没有得到它应该有的重视：学习。

其实也不是不重视，只是到了大学后发现生活学习的节奏变了，我竟一下子不知道如何适应，也不知道该如何重视学习了。

演讲比赛

大学以前我好歹还算个好学生，所谓好学生是指我知道要拼学习，知道拼书本，知道拼考试。这也没办法，与其说是考上大学的前景给我们动力，不如说是考不上大学带来的悲惨后果在促使我们努力地学。说起来也没什么学习技巧，学校已经把课程安排得很紧，自己无须再去制订学习计划，无非是按照老师指明的方向大展题海战术，一本一本地做题就是了。

上了大学后课程明显没那么紧了，一周中有几天都是上午有课，下午就没课了，一时竟不知如何是好，只是觉得大学生活果然好，有这么多的自由时间可以支配。

大一“摆酷”照。

虽说在高中时我的英语成绩还不错，但英语的学习其实还没入门。没有了老师的带领忽然就不知道要怎么学了，还是习惯性地按高中时的做法，啃课本。课本一会儿就啃完了，作业也很快就做完了，然后呢？然后就不知道该干点什么了。

学习上没觉得怎么需要时间，而恰巧我又有了很多的“空闲”时间，再加上来北京之前就暗下的要有一个丰富多彩大学生活的决心，我会做什么就很自然了：参加各种活动。

这样安排时间的后果到了第一个学期的期中就开始显现。如果说进校时从高考分数来说我还算不差的话，那么期中考试的结果简直让我大跌眼镜！

毕业多年后和老同学聚会，班长还说记得那会儿我曾经考得很差。

真是丢人丢到家了，过了这么多年还能让人记得。

现在说起来像是一个轻松的笑话，但在当时，这样的结果不啻晴天霹雳。

后来到电视台工作以后有机会去大学和同学们交流，我经常拿出这段经历来做反面教材。说到底，毕业后找工作还得靠专业能力，尽管其他方面的能力可能也很重要，可问题是连花了四年时间专门学习的专业都没有掌握，你又有什么底气说你在其他方面可以做得很好。

就在前不久的一档求职节目中，我真的看到了类似的情形。求职的女生来自

演出《东郭先生》

北京某高校，正好也是英语专业的，但就是这位马上就要毕业的英语专业的同学却连场上外国嘉宾所提的问题都听不明白，最起码是听力不过关。更让我诧异的是这位女同学脸上淡定的表情，她辩称她或许英语不是很好，但她在其他方面的能力很强。这样的观点当即被场上的其他评委批驳，并且明白无误地告诉她，以她在现场的表现来看根本看不出她在其他方面能有什么样的建树，其求职结果可想而知。

我多么希望在大学时能有人来告诉我这一切。可是没有。

如果有人告诉我这一切，我会听吗?

前一段时间在一家比萨店就餐，我们这桌的服务员是一位还在农业大学上学的女生，正好看过我的节目。那天餐厅不是很忙，于是我们就聊了一会儿。女生表示很困惑，她不喜欢现在所学的花卉学方面的专业，认为这一定是没前途的，自己想退学，又怕家里反对，一时不知道如何是好。

我问她知道自己想学什么专业吗，她说不知道。我问为什么觉得现在的专业没前途，她说她也说不清楚，只是觉得现在的专业一定不适合她，也一定没有前途，然后她开始抱怨现在的教育制度。

还是先把现在的专业学好吧，先学好了才能说这个专业好还是不好，适合不适合，就像工作以后也要先把当下的工作做好了才有资格说你喜不喜欢这份工作。

不知道这种困惑是因为对自己有了更高的期待?还是因为少了一份耐心?

可问题是，就算换了专业就一定适合吗？现在的专业尽管不太满意，但至少我们还有一个专业。如果拿在手里的不认真对待，最后的结果可能是一无所有，在手里的没拿住，不在手里的拿不到。

抱怨是容易的，但不管如何抱怨，我们面对的现实都不会改变。与其这样，不如正视现实，然后伺机而动，通过我们的努力一点点地改变环境。

而对当时的我来说，我已经意识到了专业的重要性却依然束手无策，该做什么该怎么做完全没有头绪。听说读写哪儿出问题了？要怎么提高？我开始担心照这样的趋势继续下去，到了毕业的时候如果我连整句的英语都说不出的话该如何向父母交代。

不知道怎么办的时候不妨先看别人怎么办。

同屋的室友张兄来自南京，绝对是一个英语达人。大二的时候已经代表学校参加全国性英语演讲比赛并获奖，他曾经在班上说看见生词只要再见第二遍就能基本记住（他说这话的时候全班人把他恨得牙痒痒，于我们如此痛苦的过程在他那儿却如此轻松!），他每天晚上都听 BBC 的广播。

照猫画虎，有样学样吧。

先是听力，张兄听的是 BBC，我还在听 VOA（美国之音）的 Special English 呢（“特别英语”，比正常语速慢一半左右）。没得说，我也听，听的时间太长觉得累，我就少听会儿，或者干脆听 Radio Beijing（现为 China Radio International，即 CRI，中国国际广播电台）的整点新闻，中国人念的，容易听。这一点颇像现在很多英语学习者收看中央电视台英语频道的节目，不为别的，只为练听力。

然后是词汇，没人家来得那么容易，那也得背。背词汇书（不是字典），看英语原版小说，看英语杂志，看任何是英文的材料。很痛苦的过程，但也算是痛定思痛，亡羊补牢。

然而一招落后，招招落后，直到毕业我也只是处在班里的中游，像一只蜗牛努力往上爬。当然我也找了一个绝佳的理由为自己开脱：我们班上牛人太多!

但终究我的努力没有白费，没有那时候的强化突击，想必也就不会有后来可以拿英语混饭吃的机会了。

有时我们太醉心于那些大学辍学仍取得重大成就的例子，如比尔·盖茨，如乔布斯，如扎克伯格。然而他们是盖茨、乔布斯、扎克伯格，世界上也就一个比尔·盖茨、一个乔布斯、一个扎克伯格，我们成为他们的可能性要远小于成为一个普通的我们自己，那就意味着99.999%的可能我们只能成为普通人。在做出成就之前我们就是一个普通人，更何况就是以上几个牛人也都非常努力。我们或许有梦想，或许有天分，但在我们的梦想实现之前，在我们的天分爆发之前，做点能做的吧，我们至少还有一个可以让我们去谋生的、我们花了四年时间学习的专业，不管喜欢还是不喜欢。

后来也曾畅想，如果当初大一时我不那么活跃地参与各种活动，我是不是可以发展得更好。但生活终究不能虚构，穿越毕竟未能实现，已经发生的不能改变，而已经发生的，不管喜欢不喜欢，都是生活的一部分。

我的“干部生涯”

总的来说，我对当官没什么兴趣，到目前为止，履历上职位最高的头衔也只是“系团总支文娱委员”，那是在大一的时候。

参加学生干部竞选倒不是因为想做官了，更多是为了体验一种角色，同时也希望是种锻炼。

当然我对竞选本身也很有兴趣。

从小学到高中就一直是班干部，一开始都是班长，后来是学生会的文娱委员，印象中好像也没什么竞选，基本上都是指定的。那时候大家的共识就是学生干部尤其是班长一定要成为大家的榜样，特别是学习成绩要好。我学习成绩不错，老师一看，就你吧，班长。

太太说她上小学的时候最恨班干部了，说他们净忙着在老师那儿打小报告了。还好认识她的时候没提我从小就是班干部，而且还是班长，要不这事还真不好说了。不过打小报告什么的那是在你们大城市，在我们小地方没那么复杂。

当班长也没什么具体的工作，现在能记得的就是上课铃响老师进教室后会说一声“上课了”，作为班长我得喊一声“起立！”（或“立正”），然后全班同学起立和老师互致问候。口令喊多了有时就成条件反射了，有一次课间我正埋头写作业，恍惚间好像听见有人说了声“上课了”，我想都没想腾地就站了起来，大声喊道“起立!”，班里同学都愣了一下，然后是一阵哄堂大笑，我自己也闹了个大红脸，讪讪地嘟哝了两句坐下继续写我的作业。

高中开始就有学生会了，也有竞选，但老师的意见在其中发挥着重要作用。有一次可能是老师的影响太大了，当选的那位同学明显没什么群众基础，消息出来后一下子就在同学中炸了锅，以至于后来学校不得不出面平息，派了一位副校长和学生代表对话。副校长苦口婆心地解释着，说整个选举的过程是合乎程序的，尽管不是所有的人都同意选举的结果，但参与投票的人数也是符合要求的等等。对话的结果是维持原判，整个事后来也就不了了之了，主要是同学们的精力都在学习上，和高考的压力比起来，谁当干部实在不重要。

高一的时候就是文娱委员了，怎么当上的已经记不清了，可能是大家看到我喜欢唱歌就推举了吧。也没什么特别的工作，毕竟学习才是主业。不过我记得很长一段时间每到周一早上升国旗的时候，我都要站在全校师生面前，指挥大家唱国歌。刚开始还是操场大喇叭放伴奏，我站在台上比划着指挥就行了，到后来居然取消了伴奏，要我带着全校师生清唱国歌。

从小没少看父亲上音乐课，起个头我还是会的。刚开始还是“起来，不愿做奴隶的人们……唱!”，忽然有一天心血来潮把开头改成了“1·3 5·5 | 6 5 | 3·1 555 | 3 1 | 555 555 | ……唱!”，第一次改的时候仿佛还听到下面有同学在交头接耳，表示诧异，而我在台上就装没听见，坚持按计划进行，再到后来大家也就见怪不怪了。

刚开始站在众人面前时还有些紧张，但脸上还要故作镇静，假装不紧张。到后来习惯了，也就真的不再紧张，不知不觉中倒是练了胆量。

不知道这样的经历是不是也对后来做主持人有所帮助。

该说回大学了，大学里我参加的是我们系团支部的竞选。竞选方式是每个候选人自我介绍并陈述“施政”计划，然后回答问题，接着就是投票，票数高者当选。

踌躇满志地去参加竞选，到阶梯教室的时候发现里面都坐满了，很多都是高年级的同学。得益于高中时的锻炼，不管内心如何波涛汹涌，表面上还装作什么事都没有。

在做自我介绍的时候提了一句说我喜欢唱歌，还没等我继续下面的内容，来参加投票的同学纷纷起哄说要我现场唱一个，我愣了一下，心想什么情况？不是竞选吗？怎么还要唱歌的？

后来才知道起哄的多是高年级同学，对他们来说，投票固然是目的之一，但同时他们也把整个过程当成一场“秀”来看，看刚进校的低年级“小朋友”们是如何表现的。

一看这阵势躲是躲不过去的，那就唱吧。一来唱歌本来就是我的爱好，二来在众人面前表演于我来说已经不是什么难事。于是我就势拿起了桌上的鹅颈麦克风，当即唱了一首当时非常流行的《驿动的心》，没想到唱完以后掌声雷动，也不知道是他们真觉得好还是高年级同学继续起哄而已。

不管什么原因，最后的结果是我顺利当选。

新官上任了，按规矩得有三把火啊，当选了就得给同学们办实事，得组织点活动。组织点什么活动好呢？

北京语言学院的一大特色是女生多，男生少。那时候大学流行办周末舞会，一到周末就会看到附近理工科大学的舞会海报贴到了女生宿舍前或是食堂前，其目的不言而喻。于是每到周末就看见众多本校女生打扮得漂漂亮亮地出门了，虽不知道她们具体去什么地方，但外校的舞会海报应该拉走了不少人。这也怪不了她们，因为本校的活动很少，没人组织。与其让本校女生都去别的学校参加舞会，不如我们自己组织一个，一方面可以省却众女生舟车劳顿之苦，另一方面也算是为本校男生谋点“福利”，万一发生点浪漫故事不也挺好。

为了凸显新官上任带来的变化，我决定把第一次活动办成烛光卡拉 OK 舞会。

活动海报早早就贴了出去，但临到开始前还一直忐忑，生怕没人来，特地和几个相熟的同学打好招呼，告诉他们一定要去捧场。

还好，来的人不少。

不知道现在的高校里是否还有人在组织舞会，估计这样的活动在90后男生女生眼里是一件极其老土的事。

可别忘了那是上个世纪90年代初，改革开放也才十来年的事，小平同志都没“南巡”呢。

干脆说说舞会是怎么回事吧。外面的舞会没去过，学校的舞会倒是去过几次。

舞会的举办地通常就在食堂或礼堂之类的地方，反正地方大一点就是了。有的时候有一个简单的现场乐队演奏，有的时候就是放卡带，三步四步伦巴探戈什么的，插空再放几首劲歌。那时候还没有所谓慢摇的说法，“荷东”舞曲相当流行。

所谓“荷东”其实不是指某一乐队，而是指一套欧洲舞曲音乐系列，由香港传到内地。之所以叫“荷东”是因为这些曲子最早流行于一家名为Hollywood East的歌舞厅，他们的DJ将当时欧美流行舞曲重新混音后播放，没想到大获成功。Hollywood East在香港被译为“荷里活东方明星舞会”，简称“荷东”，因此后来出版专辑时就称其为“荷东”。

还是回头来说大学里流行的舞步吧。当时流行的舞步还有什么十六步、二十四步、北京平四等，高中时我就跟哥哥学过所谓二十四步，向左几步，向右几步，前进几步，后退几步，然后转个身什么的，适合众人一起做，基本和做团体操差不多。相比起来平四要复杂许多，需要男女两人配合，有很多花活，只是真要玩起花活来场地得大，要不要不开。最近还在电视上看见过有人专门教观众跳平四。

虽说是跳舞，但舞伴之间却不大有什么交流，脸上基本都没什么表情，各跳各的，各自以完成动作为目标，互相只是个搭子。当然也有聊的时候，有时候同学们去本校或其他学校舞会的时候，经常会瞄着漂亮的女生就上去邀请人家跳舞。这是在套磁儿，自然得聊几句，聊得投缘了就多跳几曲，觉得不合适就说声谢谢，再换下一个目标。过程很像相亲，而且还真有在舞会上认识而成为男女朋友的。

新生刚进校时还有新生舞会，这也是一年一度的“相亲会”，高年级同学的出席率相当高，他们会仔仔细细地观察“目标”以便适时下手。

还是说回我的政绩吧，“烛光卡拉 OK 舞会”举行得相当顺利，来的人不少，当然这里面也少不了众多依旧在“寻寻觅觅”的老同学。

类似的活动可能还组织过一些，但印象都不深，主要原因是后来我的兴趣转向了广播站和主持方面，对“从政”实在兴趣不大，第二学年就没再继续参选。

我的“干部生涯”就此结束。

我在夜总会打过工

如果说歌唱比赛、演讲比赛或是学校组织的社会实践都算是常规动作的话，接下来要说的这件事绝对可以称得上是自选动作，而且动作幅度还不小。这样的自选动作对如今的大学生来说可能只能算是小菜一碟，但在当时就算不是不可思议，也绝对称得上是相当具有冒险精神！

事情发生在大三的暑假，无意间我在宿舍前的广告栏上看见了一则广告：山西太原某夜总会招聘歌手兼主持人。

心动了一下。

山西太原，是在外地？那问题也不大，不就是坐点火车么。

歌手兼主持人？我喜欢唱歌，我也喜欢做主持人，而且已经在电台做兼职主持人，算是半个专业人士吧。

夜总会？听说过，从来没去过，但……也应该没什么事吧？心中多少有些犹豫，但那时候正流行一个“闯”字，说的是年轻人就应该去闯荡闯荡，去尝试没做过的事，去完成不可能完成的任务。虽说从没想过会和夜总会产生什么联系，但既然现在有这么一次机会，我就去试试、闯闯呗。

就这么定了。

一直不理解为什么一家太原的夜总会要在北京招聘歌手和主持人，想来要么是太原的文化产业发展得还不成熟，一时找不到符合他们要求的歌手，要么就是太迷信大城市，希望从首都北京找几位歌手去演出，说起来这也是一个宣传点。

帮着这家夜总会在北京招聘的是老板的一个亲戚，一个姑娘，比我也大不了几岁，看着还带着几分学院气息，可能也是毕业不久，否则也不会想到在校园张贴夜总会的招聘广告。不过在此之前她已经联系了区文化馆，文化馆老师也已经推荐了几位年轻的歌手。所以歌手的事已经基本解决了，我去的时候，她正为主持人的事发愁。

见面后我做了一番自我介绍，照例电台部分的介绍是必不可少的。一听说我是电台里的“江山”，姑娘眼睛亮了一下，“你就是江山啊！”（注：此时我已经在北京电台经济台任客座主持人一年，具体故事请参看后文《命运轮回做主持》。）

还真管用，她听过我的节目。

听说过就好办了，其他的介绍就省去了，既然是电台的主持人，去夜总会主持应该不是什么问题。

她是这么想的，我也是这么认为的。尽管后来的进展说明我们的认识和夜总会老板的期待是有差距的，但在当时——双方在亲切友好的气氛中进行了交谈，并对双方共同感兴趣的问题交换了意见，如什么时候出发去太原？

去太原的事就这么定了。

去面试之前还有些犹豫，但转念一想，成不成的试试又何妨！不就是个“闯”嘛。

结果还真让我闯成了。

同行去太原的还有三位歌手和他们的带队老师，有负责招聘的那位姑娘，还有我。三位歌手和我年龄相仿，一路上聊得相当投机，还没到太原，我们几个就已经混熟了。

看来去夜总会打工和跟同学出去参加联欢会也差不多啊。

所谓夜总会，其实和高中时候去过的那个歌厅差不多，有一个大厅，有一个表演区域，同时还放着很多桌子椅子，客人来了就在大厅找个座位坐下，歌手表演的时候他们可以在舞池里跳舞，还可以点歌，当然这部分服务他们要另付费。歌手的任务是在表演的同时尽可能地让客人点歌献花，点歌献花的多了，他们的提成也就多了。

不知道夜总会老板看见我出现的时候是什么心情，那时我大三，一看就是一个学生。

学生——夜总会，怎么看都觉得不搭。

最不搭的是在主持的时候。

从来没在夜总会工作过，也没见过别的主持人在夜总会是怎么主持的。以前仅有的类似一点的经验就是高中参加歌唱比赛获奖，然后在义乌市文化馆经营的一家歌厅里唱过几天歌而已。而我所有的舞台主持经验都是在学校获得的。

现在想想那真是一段不可思议的经历，老板亲戚居然会把夜总会的招聘广告贴到大学校园，毫无经验的我居然也敢去应聘，他们居然也敢真的把我招了。

反正事已至此，再不可思议也要继续下去。关键是当时我也没觉得怎么样，我来就是主持的，我还会唱歌。

我压根儿就不知道夜总会主持该是个什么范儿。

正所谓无知者无畏，我主持的时候丝毫不紧张。和我一起搭档的是此次同行的歌手王晋。

“尊敬的各位来宾，女士们，先生们，大家，晚上好!”

“晚上好”一定是两人一起说的，相当有“央视”范儿。

那时候春晚正火，央视的主持风格，尤其是晚会的主持风格在各个方面都有着巨大的潜移默化的影响力，更何况我只是个初出茅庐的学生主持人。

一整个晚上我和王晋自得其乐地主持着，几个歌手轮番上阵，期间我还插空唱了一首歌，还是英文的——《雪绒花》。

一切感觉良好，还不是一般的好，那是相当好!

演出结束以后已经很晚，几个人相约到街上吃夜宵。附近好像也没什么去处，街角有人支着一个小吃摊，提供的食物也很简单：方便面，不过和自己泡的还是有点不同，他们是煮的，里面还加了点香肠、鸡蛋。

几个人吃得那个香啊，看来是真饿了，连方便面都让我们吃得欢天喜地。

我们几个人相处甚欢，觉得很投缘。这次来太原对他们来说算是锻炼，而我就当出门旅游来了。

按原来约定的工作计划，我们要在太原工作一个星期。

一个星期啊，工作轻松又快乐，我们几个还可以在这儿海聊一个星期！多好啊！

我们很快乐，有人却不怎么快乐：老板。老板怎么想当然没人告诉我们，但从第二天发生的事情来看得出这样的结论还是有根据的。

第二天上午，只看见我们的带队老师（其实是歌手的带队老师，但此时已经自然地把我也包括进他的队伍去了）和负责招聘的那位姑娘不断地在说着什么。我忽然有了一种预感，不太好的预感。

果然，过了不一会儿，带队老师把我叫了过去，说了很多话，中心思想就是：夜总会这儿不需要我主持了，他们已经买好了火车票，我一个人先回北京，其他几个人接着在这儿工作一段时间。

心里咯噔一下。

倒不是因为觉得这是什么太大的打击，毕竟我也不是什么专业的歌手，毕竟我也不知道我的主持方式是不是他们想要的，毕竟这次来太原也就是抱着来“闯闯看”的目的，成就成，不成就不成，哪个结果都能接受。

但终归还是失望，而且是很大的失望。

不是因为丢了工作，而是因为我必须得走了，必须离开这几个新认识的伙伴了。

脸上写满了失望，但是无济于事。人家是开买卖的，我的主持显然没入他们的法眼，留在这儿明显已经派不上用场，只有增加不必要的开支。这个账谁都算得明白。

收拾好自己的行李，拿着包往楼下走。

同行的歌手李双还有王晋看我要走，问怎么了，为什么先走。我大概解释了一下，他们也舍不得我走，但他们也明白，这不是他们能决定的。

楼下已经有一辆车在等着准备送我去火车站。我把行李放好，上了车，准备出发，李双王晋他们也都下楼来送我。

车却迟迟没动。

带队老师又在和他们说着什么。

过了一会儿，老师走了过来说：不用走了，把东西拿回屋去吧。

我差点没蹦起来。什么情况？

后来才了解到，原来老师看着我们几个人一脸的沮丧，就跟老板说，你看几个小伙伴都处得挺好的，他走了，要是影响了其他几个歌手的工作状态就不好了。干脆别让他走了，都留下吧，反正时间也不长。

真得谢谢老师的照顾。

这样倒是好了，晚上我也不用主持了，偶尔高兴了就上去唱唱歌，不出错的那种，反正对很多客人来说就是个跳舞时的背景音乐。

真的成了暑假旅游项目了。

这样大概过了一个星期，我们该回北京了，这也是原来的工作计划。每个歌手都领到了工资，居然也有我的份！比他们少些，两百多块，那也是我一个月的生活费了！我原本没指望着拿钱，毕竟属于被“开除”的“下岗”人员，毕竟我就干了一天。

这家夜总会一定是诚信经营的典范！

回校后跟同学说起这段经历，他们都不信：你?！夜总会打工？还唱歌?！还主持?！

说得我自己都快不信了，但它的确发生过，在1993年的夏天，在我大三的时候。

真是丰富多彩的大学生活啊。

我的“音乐生涯”

从小就喜欢唱歌，这可能是来自父母的遗传。父母都是师范毕业，尤其是父亲，年轻的时候就喜欢唱歌，工作后在学校也是个活跃分子，经常参加点学校的宣传工作什么的。在学校除了教数学以外，还兼教音乐课。父亲教音乐的方式在那时候也算特别，不像有的老师只是教会大家唱歌词而已，他经常会把一首歌连简谱带歌词都写在一张纸上，教的时候父亲会弹着风琴教同学们先唱谱，再唱词。

小时候我对弹琴很感兴趣：居然可以两只手同时弹琴，太牛了！

父亲从来没想过要让我学琴，在他的眼里这些都是旁门，有空的时候玩玩也就罢了，绝不能在这个上面浪费时间。和当时很多家长一样，父亲也认为唯有读书才是正道，时间要花在提高成绩上，要学琴就是一种时间浪费。

但他不知道我真的对弹琴很有兴趣！双手的！

惭愧，当时双手弹琴在我眼里就是最高境界，说起来这也就是现在小朋友刚入门的水平。

小学时我随父母住校，因为是双职工，学校给安排了两间宿舍。晚饭后父亲和母亲批改作业在一间宿舍，而我按“规定”得去另一间宿舍写作业，路上会经过风琴房。有一次看看没人，我就走了进去在风琴前坐了下来，一只手叮叮咚咚地弹了起来（不会两只手的）。正弹得起劲，只听得后面一声断喝："就知道你又在这儿玩，还不做作业去！"原来是父亲循声而来，没辙，我只好悻悻而去。

哎，只有一声叹息！有兴趣而没有得到培养，这是我国音乐界的重大损失啊！要真着力培养，说不定中国早就出现郎朗了！

这当然就是一句玩笑话，因为在音乐方面我实在算不得有什么天赋。有天赋的是另外一位同样对弹琴有兴趣的同学，比我高几个年级。刚开始的时候他也不会，但他也就听另一位音乐老师点拨了几次，再后来我就看到他已经会用双手弹琴了！

想学弹琴是不可能了，好在唱歌还没被父母列入浪费时间的行列，主要是唱歌不用特意花时间练习，张嘴唱就行了，再说我们反正是有音乐课的。

我们的音乐老师是一位音乐专业毕业的老师，上课时不光教我们唱歌，还教我们数拍子，找节奏，说乐理。我仅有的一点乐理知识都是在他的音乐课上学到的，就这么点有限的乐理知识，在高中的时候还帮了大忙。

高三时班主任吴老师为了调节大家的学习气氛，提出让我教全班同学唱歌。高三时已经没有音乐课了，要学新歌只能靠自己了。歌本倒是买了好几本，上面都是最新最流行的歌，有简谱，有歌词，可怎么把谱子变成歌是个事。那时候也没有网络，要听新歌只能买卡带，一盘卡带最便宜也要六七块，那几乎是我一个星期的生活费，显然这条路走不通。

关键是同学们都觉得我会视唱，即看着谱子唱出歌来。这在现在对很多人来说都不是个难事，对我们来说可不算容易。

大家都这么说了，我总不能告诉大家说——对不起，你们看错了，其实我真的不会，我是装的。

那多没面子啊！

还好小学时学到的有限的乐理知识这时发挥作用了。

要直接视唱有点难度，可我不是还有会唱的歌么，这些歌在歌本上有谱子，为了学视唱，我倒着来，我先唱出旋律来，然后根据旋律倒着唱出谱子了。慢慢地会谱子了，再顺着谱子学新歌。

天才啊！

自习的时候没少玩这个游戏。没有专业的培训，咱就发明些自己的土办法。

就是用这样的土办法，我居然真的自己学会了几首新歌，然后我真的站在全班面前教会同学们唱了《驿动的心》、《再回首》等当时最为流行的歌。

对这段经历我颇为自得，上了大学以后还和同学们显摆，结果有同学说，为什么要你教啊，自己看着学不就行了吗。

在人家那儿这压根儿就不算什么了不得的事。

我立马闭嘴。

高中的学业相当紧张，但就在这忙碌的学习过程中，我居然还溜出去参加了两次校外的卡拉 OK 比赛，而且是面向全社会的歌咏比赛。都是在街上看见的广告，也不用报名费什么的，我就报了名。

第一次是在少年宫，我唱的是《掌声响起来》。这也算是冲出校园，走向社会了，第一次在公众面前表演，成绩一般，也就一个三等奖吧，就是所有没得一等奖和二等奖都有的奖项，其实就是个安慰奖。

这应该是在少年宫的那次比赛

后来学校不知怎么也了解到了比赛情况，在一次升旗仪式后向全校宣布了这个“喜讯”，着实让我窘了一下。

第二次是在文化馆，这次唱的是《大海啊，故乡》。结果还不错，二等奖。

文化馆有个舞厅，按照事先的安排，得奖的选手可在舞厅唱歌，尽管我还只是个高二的学生，周末的时候我也去唱了。

现在想象一下当时的画面都觉得好笑，一个高二的学生，穿着学生服，在一个应该是“未成年人禁止入内”的舞厅为前来消费跳舞的人唱歌！

有一次在台上唱的是《大约在冬季》，伴奏的就是一台电子琴。之前也没有合过，结果调低了，唱着很难受，第二遍的时候，我就高了八度，结果唱破了音，台下有跳舞的说“您辛苦了”，我也没听出话音儿来，心里还暗自感激——谢谢理解啊！

参加这几次比赛在唱歌方面虽没什么突破，但多少练了胆子。

大学期间共参加了三次学校里的卡拉 OK 比赛，两次是作为参赛选手，一次是主持人。

大一的时候恨不得什么活动都参加，卡拉 OK 比赛自然不会错过，而且信心爆棚——我在高中可是得过奖的！

比赛前还真下了番工夫分析形势——其他选手一定都会唱劲歌金曲，我得和他们不一样，我得反其道而行之，我唱个不一样的吧：《梁祝》。

为了充分展现我的才能，我还在前奏加了一段朗诵。

朗诵的设计事后被证明正确有效，比赛时朗诵结束后全场掌声雷动。但评委和观众明显对《梁祝》不是很感冒，最后的结果充分说明了这一点：三等奖。

可能大一的时候热情消费过度了，大二的时候全面退缩，什么活动都不参加了。那时候已经充分意识到学业的重要性，天天忙着跑图书馆。

大三的时候再度出山，可能是大一的时候没取得好战绩心里多少有些遗憾，有些不服。吸取了上次的教训，这次选的是罗大佑的《爱人同志》，至于歌曲想表达什么完全没有考虑，反正旋律上口节奏明快，应该很容易抓住大家的注意力，这就够了。

为了增加效果，我还特地邀请同学光宇帮我伴唱，他痛快地答应了。

可真正比赛的时候，一紧张忘了介绍我那位伴唱兄弟了，等想起来的时候音乐已经响起，再想介绍已经来不及了。可怜光宇兄白白等了一晚，他本来可是准备好好在他心仪的姑娘面前表现表现的。

正如我所料，同学们反响不错。

这下行了，翻身了，冠军一定是我的了。没想到后面出了一对黑马——两个男生，个子不高，但很有喜感，很有男版 Twins 的效果，一下子抢尽风头，最后的结果是：我第二名！

得，又没成。

大四的时候还参加了一次唱歌比赛，这次的身份是主持人。

既然比赛是小孩子玩的事，已经大四的我自然就不稀得参加了

大学的传统是，到了大四以后人人都以前辈自居，个个摆出一副久经风霜的样子，动不动就是“那是你们小孩儿们玩的事”、“那帮孩子……”之类的云云。

不过最后还是没有挺过众人的“忽悠”，一方面那时候我已经在北京电台当了几年的客座主持人，而且学校里的各种活动都是我在主持，大家都觉得由我主持歌唱比赛天经地义，另一方面当然还是我自己喜欢，想去享受这样的工作带来的“成就感”。

大四主持全校歌手大赛

虽说现在回想起那时的主持会觉得稚嫩，但在当时还是得到了众师生相当正面的评价。几乎是本能的，我开始尝试着脱离报幕式的主持，而加入一些现场的交流，根据现场的变化临时调整台词，调整推进流程的节奏。

现在经常有机会看到当今的大学生主持节目，看到他们在台上主持的时候总会油然而生一种亲切感，就像看见当年的自己。有时我也会惊诧于他们的主持能力，有些在当年我看来颇为自得的一些现场把控技巧于他们来说竟然也可以信手拈来。

正所谓时代在发展，后浪已袭来。看来我要去学冲浪了。

尽管从小就喜欢唱歌，但终究只是个爱好而已。这样挺好，很多事情不能强求，顺其自然就好，任何事情的发展都有其原因，不必强求也无须强求，等条件成熟了，该发生的自然会发生。正如我从没刻意要做主持人，最后却走上了主持之路。当你在正确的时间做了正确的事以后，命运之神就会把你带到你最适合的位置。

找工作

大学四年的时间看似很长，但过着过着就该找工作了。

毕业后找工作对现在的大学生来说是一件天经地义的事，而在当时却还是一个新生事物。1993 年以前毕业的师哥师姐们大多不用自己找工作，因为大学生都是包分配的，毕业了一定会有一份工作，以前觉得上了大学就算熬出头了就是这个原因。

说起来这种制度也好也不好。好是因为毕业时不用东奔西跑自己找工作，更不会有失业的危险；不好是因为你不知道到底会被分去什么城市，会去什么样的单位，会做一份什么样的工作。

上世纪 90 年代初，高校开始慢慢出现变化。

首先是学费，在 1989 年以前大学生是不用交学费的，有的甚至连书本费都没有。这种制度和毕业包分配制度后面的逻辑是，只要你上了大学了，国家就一切都管了，但同时毕业后你也得听国家的，得根据国家的统筹安排到需要你的地方去工作。这是一个理想化的制度，也有着明显的计划经济时代的特征，一切都由国家来安排，个体的需求不被重视。随着时代的发展，大学毕业生的个性化需求越来越强烈，而个人愿望和统筹分配之间的矛盾也越来越突出。要解决这个矛盾，唯有改革工作分配制度，即给予毕业生自由选择工作的权利。但权利和义务总是相互关联的，想要找自己喜欢的工作？没问题，那我就不能什么都管了，你自己负担点费用吧。

到了 1989 年，也就是比我们早一届的学生开始要交学费了，但也只是象征性的，每学年一百元。也是从这一届学生开始，毕业的时候他们要自己找工作了，国家已经不管分配工作了。而到了第二年，也就是我们上大学的时候，学费从每学年一百元涨到每学期一百元，即每年两百元。从此在学费方面“涨”字就成了永恒的主题，据说到 1997 年的时候，学费已经涨到了三千元左右，到现在据说有的已经高达上万元。还好上学早，否则以我父母两位教师的微薄工资，要交几千元的学费都有很大难度。

如果说“自己找工作”对 1993 年毕业的大学生来说还有冲击的话，我们则已经完全适应新的环境了：工作，自己找。

和我们一届的同学中有两个班还是包分配的，因为从班级设置的角度来说他们算是“委托培养定向班”，即从哪儿来的还要回哪儿去。这两个班的同学都来自贵州，他们自己不用承担学习费用，但根据计划，毕业后他们要回贵州工作。毕业时很多人不愿意回去，但没办法，不按计划回贵州工作就算违约。很多人是哭着离开的，过了几年以后，很多同学又回到了北京。

从这个角度讲，我们是幸运的，至少我们可以选择在什么城市工作，可以选择做什么工作。

我的选择是留在北京。

有时我们就像一条命运之河里的一滴水，在流入大海之前会遇到很多分岔口，不同的选择，不管是主动的还是被动的，都意味着人生发展的不同方向，而有时这种选择就发生在一瞬间，正所谓失之毫厘，差之千里。不同的选择虽不一定都是“失”，但不同的选择带来“差之千里”的结果倒是一样的。

高考时已经被分流过一次了。高中时同班有一位同学考分全班最高，但自己估分时信心不足，填志愿时只填了一个当时较冷门的历史专业，而现在已经读完博士正在大学当教授教历史研究唐史，也有同学考到了上海学习法律，现在是上海一个相当成功的律师，而有的同学当年没有考上大学，留在义乌发展，现在都是成功的商人。

大学毕业是另一个分岔路口，我们再一次面临很多选择：出国还是工作？去哪个城市找工作？找什么样的工作？国家机关还是外企？找一个工作环境好但可能工资待遇不是很好的工作，还是找一个工资待遇好但可能工作环境差一些、工作辛苦一些的工作？找一个自己喜欢但待遇一般的工作，还是找一个自己不一定很喜欢但待遇不错的工作？

毕业前图书馆留影

很多人的理想是：找一个我喜欢的工作环境好的工资待遇高的稳定的在大城市的工作。

这基本属于做梦型工作。

以一个刚毕业的大学生的状态要找一个这样梦幻的工作，可能性基本是……只能是个梦。

当然有实力“拼爹”的除外。

如果没有实力拼爹，又不想当“啃老”一族，又不想饿死，那还是先醒醒吧，我们还有正事要做——做一个实际一点的选择。

在找工作的时候，我们有无数的愿望，我们总是希望找到的工作可以满足所有的愿望，但这几乎不可能。我们能做的只是尽可能接近我们的梦想，我们只能给自己的愿望做一个排序，明确什么是最重要的，绝对不能妥协的，而什么是可以往后放一放，有最好，没有拉倒的。

我给自己的底线是：毕业后我一定要自立，绝不能再向家里伸手。事实上大三以后我就不从家里拿钱了，自己打工挣来的钱已经足够平时的开销。上学的时候尚可自立，毕业工作了反而要依靠家里的支持，怎么可以?!

我的另一个选择是：北京。从小没出过远门，第一次出远门就到了北京。从小没在城市里生活过，第一次在城市生活就到了北京。经过四年，除了义乌，我最了解的城市就是北京了，留在北京工作似乎是一个不二的选择，也是最自然的选择。

前一段时间做节目时还曾提到过“留在北上广”和“逃离北上广”的话题，有嘉宾表示不理解为什么面临如此大的生存压力很多大学生却依然选择留在大城市，为什么不去二线甚至三线城市，那儿的生活压力可能会小很多。坐而论道总是容易的，而当我们真正身处他们的环境的时候，可能就可以理解他们为什么会做出留下来的决定了，就像当年的我一样。

能够选择是我们的权利，也是我们的幸运。选择留下来也就意味着选择面对由此带来的一切挑战。

第一个挑战是户口问题。那时候不要户口留在北京也可以，只要在北京找一份工作就行，通常是外企或民企，他们不在乎你的户口在哪儿，也没有能力解决你的户口问题。

在一个户口还不能被完全忽视的年代，如果选择不要户口留在北京就意味着要面对无数的不确定性。如果能接受这个现实，留北京的问题就变得简单很多。我并不是一个很有冒险精神的人，虽说对户口的重要性还没有切身的感受，还不知道多年以后在北京买房买车都需要有户口，但那时的直觉反应是：要把户口落在北京。

谈何容易。

听过太多关于户口的故事了，什么如果谁谁谁要想把户口调入北京，必须得有人同时想把户口调出北京，有走的人留出的空才能把想来的人的户口调入北京。想往北京调户口的不少，但有几个想调出北京的？就算有人真的调出北京了，你又怎么能第一时间知道这一消息呢？

不过对大学应届毕业生来说这个问题还简单些，我们要做的就是找一家愿意接收你的单位，且这家单位要有留京指标，且你所在的学校也要有留京指标，且你已经拿到了一个这样的指标。

不知道说清楚了没有，再说一遍，应届大学毕业生留京的必要条件是：

一、有单位接收；

二、该单位有留京指标；

三、所在学校有留京指标；

四、你拿到了学校的留京指标。

几项条件缺一不可。

要比起来，找一家有留京指标的单位可能不是最难的，毕竟他们也需要人才，只要自己有实力，还是有可能找到这样的单位的。

难的是学校这部分，要争取学校的留京指标不是一件容易的事。第一，学校的留京指标有限；第二，想留北京的外地同学不在少数，给谁不给谁的怎么定？

这时候就显出学校规模相对较小的优势了，学校规模不大，每年的毕业生数量就不是很多——僧少，而相对来说学校拿到的留京指标就显得充裕一些——粥不那么少。但僧再少粥也不是无限量供应，谁先喝着就得看谁先找到工作，或是看谁的经念得好，也就是看谁的成绩好了。

要说成绩，我绝对不占优势，就一直在中游徘徊。

那就看找工作的速度了。

那时候就特别希望能有一位贵人出现，把我介绍到一家还不错的单位，然后万事大吉。

然而贵人不是你想他（她）出现的时候就会出现的，出身寒门，我们家也没什么贵人亲戚。

同在北京的哥哥帮我介绍了一家和他同一系统的单位，面试时接待我的人大谈他们的工作环境如何艰苦，待遇条件如何差，说你如此优秀的人才还是再考虑考虑吧，如果一定要来的话也可以。

随着毕业的时间越来越近，找工作时我已经把姿态放得很低了，几乎已经准备接受任何条件，只要能满足我的底线目标：自立，留京。

但面试官的言下之意我还是能听出来的：你去别的地儿试试吧。他只是碍于哥哥的面子没有直说而已。

没有贵人可以依靠的时候就靠自己吧。

用人单位有时也会到学校来招聘，来的时候学校会组织大家报名应聘。通常来学校招聘的都是国家部委和国企，如外交部、外贸部或是什么国营进出口公司。有意思的是，和现在大家对当国家公务员充满热情不同，那时候大家的热情好像并不高，甚至连外交部来学校招聘的时候报名的人都不是很多，惹得几位负责学生工作的老师纳闷不已。

我也参加过几次校园招聘的面试，记得有林业部和外贸部，最终结果是落选。实在不是我军无能，而是“敌人”们都太厉害了：我们班高手太多。

还参加过一次中国煤炭进出口公司的面试，在三元桥附近。同去的有四个人，结果最后一位来自南京的女同学成功得到了这份工作，但过了没几年她就辞职移民美国了。

浪费资源啊！早知如此，何必跟我们抢工作啊！

实在也赖不了别人，技不如人啊。

如果那时候我去了林业部或是外贸部或是中煤工作，我未来的职业走向会是什么样的还真不好说，也许今天就不是主持人了。

那时候互联网还远未普及，招聘信息的传递没那么通畅。除了学校提供的招聘信息以外，其他的就靠自己了，要么拿着一堆简历四处找招聘会，要么干脆直接往各用人单位生闯。

那时候打印简历也没有那么方便，自己没有电脑，学校也没有可以打印的地方，要打只能在校外，最后算下来也花了不少钱。

忘了去过多少地方了，没有明确的目标，只是拿着简历，在部委集中的区域游荡，看到一家单位就设法进去，找到人事部门，留下一份简历，简单交流一下。有的当场就给出答案，说今年不招应届毕业生，要么就说没有留京指标，或者说先把简历留下等通知吧，这基本上就等同于没戏。

还记得去过中水，即中国水产进出口总公司。去那儿是因为比我们高一届的邓师兄在那儿工作，因此我也就去试试运气。我去的时候师兄已经被派往非洲工作了。还真让我找到了师兄所在的部门，部门领导也认识老邓，但很遗憾，他们给出的答复是“今年不招应届毕业生”，要招有工作经验的。无奈，尽管接待态度很好，但结论明确：我在这儿没机会。

大家都想要找有工作经验的，谁来管我们这些刚毕业的啊?!

那时候能写上简历的工作经验只有在电台的工作经历，另外就是实习的经历了。电台的经历倒是经常引起一些好奇的谈话，但也就是好奇而已，终究没有帮我找到工作。

还记得去过内贸部和中纺等部门，俱无功而返。

那时候好像这些部委管得也没那么严，反正这些部门我还真的都进去了，也许是他们也理解我们找工作的难处。或许只是因为运气不好，或是实力不济，最终我都没能在这些部门找到工作。

找了这么多部门，试了这么多次机会，我却从没想过要在电台或电视台试试机会。不是因为觉得太难，也不是因为觉得自己不是科班出身能力太差，而是我压根就没想过要在电台或是电视台工作，尽管那时我已经在北京电台经济台当客座主持人两年之久了。

现在回想起来有些不可思议，可那时就是没去。

招聘会不是很多，但有限的几个我们都去了。去了也是像没头苍蝇一样四处乱飞，看到一个展台招人，只要条件符合，待遇不至于太差，就会挤上前去，递上一份简历，然后问几个问题，了解一下大致情况，无非是问工作是做什么的，在哪儿工作等等。挤出人群后再做一个简单的笔记，记下是什么公司什么单位，写下电话地址，以便跟进联系。

那时候的招聘会人也多，只是不像现在人多到挤都挤不进去。

有时也会碰到没有展台的公司代表在招人，看到我们挤出人群就上前来问我们是什么专业的，在找什么工作之类的问题。这样的公司多少有些皮包公司的嫌疑，不知道是真是假。但找工作找急了也是什么机会都想试试，有一次碰到有个公司代表留了一张名片，说是某某公司的，在北京，好像是一家进出口公司，不是什么大单位，但有留京指标，要了我们的简历，希望安排时间面试。我们自然是十分乐意，从我们的经验判断这类公司的待遇都还可以，关键是他们还有留京指标，岂不是两全其美。只是后来名片找不到了，而他们也无法联系到我们，这事也就只能作罢，很是遗憾了一阵。

还去参加过一次一家深圳公司在北京举办的面试，找工作遇到的打击太多，那时候甚至已经考虑是不是不一定非得留在北京了，其他城市像深圳这样的新兴城市可能也是个不错的选择。

面试地点就在招聘官下榻的酒店。面试过程也很简单，就是让我们翻译了一篇文章，然后问了几个问题，其中一个问题是“听说读写中你认为自己最擅长的是哪方面?”我的回答居然是“读!”天知道怎么想的，也许唯一能给自己一点信心的就是读了，可能那时候已经开始醉心于自己的发音了。可问题是一家用人单位怎么会要一个只会读的人呢？读得再好不会应用也是白搭。

这次面试的结果就是没有结果。

经过四年的学习，临到毕业的时候还是觉得不太自信，也许是班上的其他同学都太优秀了（这个借口已经被用了无数次了）。

现在不是担心自己优秀不优秀的问题，现在是要设法找到一份工作。

此时班里的很多同学都已经找好工作了，有去旅行社的，有去中远的，有去新华社的，有去外交部的，有去外贸部的，有去中保的，有去外地的，还有出国的。人人目标明确，都找到地方了，就我还漂着呢。

那时还没有 BP 机，更不用说手机了，去面试时留下的唯一的联系方式就是宿舍传达室的电话了。回复电话接到了也就接到了，接不到也就错过了。

不想错过机会就只有自己主动联系。

打过无数个电话以后，终于有几家公司同意面试。

心里狂跳不已，真是功夫不负有心人啊。

其中一家是水产进出口公司，和师兄所在的中国水产进出口总公司是一个系统的。面试进行得还不错，简历中关于在电台工作的经历再次引起了面试官的兴趣，整个面试就围绕着这段经历展开。他们先是让我用英语描述一下这段经历是怎么回事，然后又问了我一些问题。也许是说的次数多了，这次的发挥还算不错。

两位面试官也对我的表现表示满意，接下来就用中文交流了。他们简单介绍了一下工作性质，工作内容，说因为是水产公司，所以每年可能会有一段时间在船上，可能条件会比较艰苦，问我愿不愿意。

说实话那时候留给我的选择已经不多了，我知道不可能找到一个满足我所有愿望的工作，只要能找到一个满足我最底线要求的工作，我就干！

现在经常有报道说大学生毕业的时候起薪要求很低，有的甚至还同意零起薪工作。对这样的现象很多人表示不理解，甚至有些不屑，那是他们没经历过找工作的痛苦，有过经历的人都会理解四处碰壁之后的心境。

不过零起薪我也不会接受，因为经济自立也是我的底线之一。

水产公司给的不是零起薪，他们的待遇应该还算不错，只是工作环境比较艰苦，但是他们有留京指标！

苦一点又算什么，年轻时怎么都好说。

没考虑多久，我就回复水产公司，说我同意签约。双方很快就草签了就业协议，只是因为还要走学校的程序，所以还未签正式合同。

找到了接收单位，有了留京指标，心里的石头落了下来。

要是后来故事的发展按此剧本进行，此刻我可能会是奋斗在水产战线的一员了，但从多年看电视剧总结的经验来看，剧本每到关键处就会出现一些意料之外的变化，行话叫“戏剧冲突”。

在我的真实版生活剧本中发生的变化是：此时国家教委到北语来招聘了！

国家教委就是现在的教育部，几乎每年都会来北语招聘，那年因为种种原因来晚了些。

学校老师推荐我去应聘。

国家教委和水产公司的对比是强烈的，一个是国家部委，一个是市级的水产公司，一个工作环境舒适，一个工作条件艰苦。要在这两家单位间做一个比较和选择并不难，我的倾向不言自明。

但首先我得通过国家教委的面试。

面试就在教委，位于大木仓胡同，西单附近。由于对交通状况估计不足，如此重要的面试我居然迟到了十分钟。

留给面试官的第一印象就不怎么样，还好他们没有取消我的面试资格。

国家教委实际招人的部门是外事司，就是负责与国外教育交流的部门，面试也由外事司负责。

面试官一共三人，过程也很简单，就是用英语做个自我介绍，然后回答问题。前面过程顺利，毕竟很多内容都已经说了好多遍了。意外的是最后男考官提出让我用英语说一个笑话，这是以前没遇到过的。还好就在前几天刚看了一个笑话，于是略一思忖，我把笑话说完了，包袱抖开，考官们居然也笑了。

面试完就回学校了，到底结果如何自己完全没有把握。还好没有让我等太长时间，过了不久，教委来信儿了：面试通过！

生活电视剧的一集到此该告一段落了，但电视剧每一集的结尾通常都会留一个“扣子”，即下一集的新的戏剧冲突：别忘了此时我已经和水产公司草签了就业协议，虽说只是草签，但对学校来说，我算是已经有了接收单位的人了，每个学生只能有一份就业协议。

一女不能嫁二夫，除非第一家同意解除婚约。

谈何容易！

剧情继续向前发展。

怎么跟人解释？说我找到了国家教委的工作了，说我觉得他们的工作更好，说我不想和你们签了？

谁都不会乐意听到这样的解释，毕竟他们也需要招人，毕竟他们已经和我草签了协议，毕竟如果我退出就会耽误他们的招聘计划。

但是没有办法，对他们来说可能只是耽误时间，对我来说却是关乎未来人生走向，硬着头皮也要解决问题。

实话实说怕刺激水产公司，我决定撒个小谎：我准备上研究生了，先不工作了。

请原谅我的不诚实，对于一个刚毕业的大学生来说，我实在想不出更好的办法。

接待我的就是面试时的两位工作人员，他们似乎对实情也能猜出个几分，但没有点破，只是说“强扭的瓜不甜”，“很遗憾你不能来，我们是真心想要你的。”

尽管如此，他们还是同意解除草签协议。

谢谢!!

带着一脸惭愧，长吁一口气，拿着水产公司出具的证明回到学校，心想这下好了，我可以和国家教委签约了。

生活剧本的编剧却不想让故事如此平淡地发展，新的困难又来了：因为此前我已经和水产公司草签了就业协议，相关信息此时已经转到北京市教委备案了!

换句话说，如果不能把备案改过来，理论上我还是和水产公司签的约，我的留京名额在那边，而事实上我已经和他们解约!

按照学校学生处老师的指示，我拿着材料又来到了北京市教委，接待我的工作人员态度和蔼，也许他也能理解找工作的不易。但是问题并没有得到解决，因为此时又出现了新的问题。

就算是真的电视剧也不能如此一波三折吧!

工作人员还是用很和气的口吻说，由于材料送得比较晚，而且从性质上讲我的手续应该算作“改签”“改派”，流程会复杂些，而现在大家手里都忙着“首签”“首派”的工作，暂时还顾不上“改派”的，让我先回家等着，九月份再来。

啊?!

哆哆嗦嗦地问这事会不会黄了啊，该工作人员笑着说，不会的，放心吧，你这手续都是全的，再说工作这么重要的事情怎么能说黄就黄了呢。

说是让放心，哪能放心得了，但是不放心又能如何?

和国家教委通报了一下进展，他们倒是挺放心，说那你就回家吧，等九月份回来再办。

多少放心了些，看来是有过类似的情况，至少从语气上判断他们没有要取消协议的意思。

带着这种心情我回家了。父母对这段一波三折的剧本毫不知情，转述的时候我也只是简单叙述了一遍，报喜不报忧已经慢慢成了一种习惯。在外面久了，我所处的环境已经不是父母所熟悉的环境，没有必要给他们徒增烦恼。

在家里待的两个月心里还是有些不安，生怕中途出现意外。但也只是不安而已，我能做的实在不多，唯有等待。

等待期间我还去义乌电台打了几天工，正好他们在招临时的嘉宾主持人，我正好闲着，双方一拍即合。

义乌不大，人与人之间都隔不了六度空间，转两个弯就能发现有共同认识的人。不久他们就发现原来早就认识我大姐，她在义乌新华书店工作多年。我临回北京的时候，他们还问我姐：你弟弟能到我们这儿来上班吗？姐姐笑答：估计够呛。

不安的等待终于结束，按照北京市教委给出的日子我又回到了北京。这一次生活剧本没再出现意外——这个剧本已经够长了。

顺利办完了手续，顺利和国家教委签约。

1994 年 9 月 5 日，我工作了。

变化发生在每一天

我一直以来都对这段经历心存感激，因为正是在教育部我得到了锻炼，得到了成长。我的为人处世待人接物言谈举止，无不受到这段经历的影响。如果没有这七年，我可能就不是今天的我，也可能没有机会成为主持人。

我工作了：自力更生记

国家教委位于西单大木仓胡同，我所在的部门是外事司，和我同时进入外事司的还有毕业于南开大学的李侃，他被分在亚非处，我在礼宾处。

单位提供宿舍，宿舍就在国家教委院内一个老式的筒子楼里。我的宿舍在筒子楼的一层，就在公共厕所旁边，和厕所就隔一堵墙。虽是一幢老楼但建筑质量不错，在宿舍基本听不到厕所冲水的声音，只是墙面有些掉皮。

宿舍面积不大，只有六七平米。当我把箱子搬进屋的时候，发现里面放着两张单人床，因为按规定每间宿舍要安排两人，就算是六七平米的宿舍也是一样。屋里就两张床，除此之外别无他物。见此状心里多少有些失落，对工作后美好前景的畅想立马凉了大半，暗想这条件还不如大学宿舍呢，但又一转念，也许刚工作时都这样，条件艰苦些，慢慢地总会有所改善。再说了，大学里毕竟是四个人一个房间，这儿，不是两个人嘛，有提高。

抱怨是没有用的，还不如自己找点理由宽宽心。

幸运的是“规定”中的同宿舍的另一个人从未出现，也许是有了更好的住处，也许是根本就没有这么一个人。等了一个月后，我非常“热情主动”地把另一张床请了出去，搬的时候心里还有些犹豫，万一哪天那人又来了怎么办？但又一想，我不能总等着另一只鞋掉下来吧，万一那只鞋一直不掉下来呢，万一压根儿就只有一只鞋呢？先搬了再说。

直到数年后我从宿舍搬走也没听见另一只鞋的动静。

搬走了多余的单人床，再设法找了两张桌子，一把椅子，买了简易衣柜、台灯等物，安上窗帘，我的家就建成了。

看着自己的成果心里更得意了：你看，大学是四人一间，现在工作了条件就是不一样，我，单间！

后来看过一部电影名叫《混在北京》，是由张国立主演的，说的就是一群漂在北京的外地人的故事，故事的场景就在一座筒子楼里。看到电影中每到饭点大家都在走廊里做饭的场景时我不禁心生无限感慨，创作者真是太有生活基础了，因为那就是生活中的真实场面。

筒子楼里没有厨房，厨房就在走廊。

我把一张桌子放在门外走廊里，算是我的操作台，又买了油盐酱醋等各种调料，添置了燃气灶及锅碗瓢盆菜刀砧板等物件，还设法弄到了一个煤气罐，由此我的厨房也有了！

有煤气罐就要换气，换气站就在辟才胡同，离宿舍不远，但怎么把煤气罐运过去是个问题。好在我还有辆自行车，找了根钢筋，敲敲打打的，鼓捣着做了一个架子，夹在后座固定住，然后把煤气罐挂在架子上，至此煤气罐运送工具自制成功。

从小看父亲经常捣鼓着做这做那的，解决了不少问题，现在轮到我了。

自己动手，丰衣足食。

丰衣问题不大，足食可能有点问题。在此之前从没做过饭，在家都是母亲做饭，吃现成的，在学校也都是吃食堂，最多就是拿个酒精炉煮点方便面。在教委也可以吃食堂，但总觉得既然工作了，应该自己做点饭了。

没做过也不要紧，没吃过猪肉总见过猪跑吧，没亲自做过饭，但好歹见过别人做，多少明白点炒菜的程序，无非是油盐外加葱姜蒜，先放什么后放什么以及放多少的事，多试几次也就知道了。

从小母亲就鼓励我多多自己动手，小学时就学过洗衣服甚至缝扣子，有一次语文考试的作文题目就是“第一次洗衣服”，母亲知道后颇为得意地对我说：“听我的没错吧，自己亲身做过的事写起来才能写得生动!”

在若干次不太成功的尝试后，我终于可以给自己做饭了。虽说做出的菜品相不甚中看，但熟是一定的。至于味道么，反正我吃着不错!

做给自己吃的，何必强求品相!

如果说做饭容易有成就感，刷碗就比较烦人了，能对付就对付，有时一懒就放下了，安慰自己说一会儿再洗，结果一忙别的事就忘了，有的时候赶上第二天也忙的话，这一放可能就是几天了。有一次下班回宿舍，忽然发现走廊外的我的厨房操作台（就是那张桌子）干净异常，所有餐具摆放整齐，而且都已经刷洗得干干净净，顿觉惊诧不已。明明记得走的时候没洗碗啊，难道真的有什么拇指姑娘七仙女或是屋里贴在墙上的美人化作真人帮我洗的？不可能啊。莫非是住在楼里的哪位姑娘对我有意，用这样的一种方式表达好感？什么线索都不留岂不是做了无用功了，好歹也让我知道你是谁啊。

整个楼道转了一圈，只见同事们个个神情自若，看不出有谁做了好事不留名的。

就这样满腹狐疑地过了几天，有一天也是刚下班回家，正好碰到隔壁同事的妈妈走出房间，我礼貌性地打了个招呼，结果老人家忽然开口说：“门口桌子上的锅和碗是你的啊?”“是啊。”“我那天实在看不下去了，太脏了，我就帮你洗了啊。”“啊?！谢谢谢谢啊!”窘得我满脸通红，还好楼道比较暗，看不清楚。

原来是我想多了，估计是那阵言情剧看多了。

不过幸好有了这段时间的锻炼，几年后赴英国留学的时候，轻轻松松地就可以做出几个菜来，偶尔还可以请同学过来尝尝“地道”的中国菜。您还别说，几个英国同学吃完都忍不住伸出大拇指，连连称好!

当然我可能放了点味精。

但至少说明我能做饭！而这都是在筒子楼里打下的基础。

正所谓技不压身，有时无心插柳，却常在不经意间发现柳已成荫。

有时正做着饭，李侃正好从食堂打完饭回宿舍，还常常拿我打趣——哥们儿，别太辛苦做饭了，省不了几个钱的！

——哥们儿，过两年留学就能用上了！

如果能透视未来我一定这么回答。

显然我没有透视未来的功能，因此那时候也不是为了以后留学才去学做饭，只是想做饭了，就去做了。

决定自己做饭虽不是因为钱的事，但那会儿的工资也的确不高，基本工资加上奖金补助什么的，一共也就五百出头。

不多，但也没觉得很少。父亲和母亲都是三十多年工龄的老教师了，印象中他们的工资也就几百块，而我一毕业就有几百块，不错了。

我不是个很贪心的人。

觉得屋里有点太安静了，有一天领了工资就去买了一部收录机，还是双卡的，花了一百多块，绝对算个大件了。好歹屋里有点动静了，增添了点生活气息。

又过了几个月，攒了攒钱，我又添了另一大件：电视机！牡丹牌的，十四英寸，彩电，还带遥控的！

这让我着实得意了一把。家里买彩电也才没几年的事，我这刚工作还不到半年，就买了彩电了！

从九月份工作到春节也就不到半年的时间，根本攒不下什么钱，还好这时我还在北京电台做兼职主持人，还时不时地有些配音的工作可以挣点外快。过年回家的时候，我给母亲递上了一千元钱。

钱不多，但是个心意。我想告诉家里的是：我工作了，我独立了，我可以自己养活自己了，我可以给家里挣钱了。

磨合中，请注意

刚开始工作后的第一个月是最痛苦的，因为环境改变了。

这儿不再是学校了，这儿是工作的地方，这儿是真正的“社会”了。

身份也变了，你不再是学校里的高年级“老人儿”了，在这儿你是最新的新人。

生活的节奏也改变了，不再是学生的生活了，而是真正开始工作了，正式的工作。

有时下班后无处可去，就在办公室里待着，后来办公室里也待得无聊了，就走出教委大院，绕着街道转圈。一到周末，就骑上自行车回北语，再找原来的老朋友一起聊天一起打球，经常有人忍不住问：你怎么还没毕业？

总回学校也不是长久之计，不管愿意不愿意，转变都要发生。

生活方面只是觉得有些无聊而已，而对工作却是有种莫名的紧张。

我也算是有过一些工作经验了，包括在电台和在实习的公司。

可那不一样啊，那是在实习，那是在做兼职，做得再不好，总还有退一步的空间，总还可以安慰自己说：我只是个学生。而现在不一样了，这是一份正式的工作，长期的工作，做得好是应该的，做得不好我也不再有一个空间可以退回去。

可是应该做什么？应该怎么做？

单位对新同事倒是有一些安排，第一个月在司办公室，跟着老同事先熟悉一下工作流程，了解一下在外事司的工作是怎么回事，然后再根据需要分配到各个专业处室。办公室是整个外事司的中枢机构，其工作内容和所有业务处室都有关联，在这儿熟悉工作是最合理的安排。

可问题是大家都有自己的事要忙，不一定有人顾得上我们，我也只好在办公室里待着，跟着干点这，干点那。

没给安排具体的事，就自己看着能干点什么吧。

看见有一台电脑空着，旁边还有一本五笔字型打字法的教材，心里一动，干脆练练打字吧。以前在学校里练过英文打字，速度还不慢，但中文打字从未试过，因为没有需要也没有条件。现在好了，有条件，有时间，练吧。

没想到过了两周，练成了！

无心插柳，柳已成荫。

很多次都只是无心的决定，却没想到会在以后带来巨大的帮助。

两周的时间练成的五笔字型输入法对后来的工作帮助很大，就像现在在电脑上敲打这些文字的时候，都是在享受那两个星期的柳荫。

一个月以后，我被分到礼宾处，为期一年。听说新来的同事都要先到礼宾处工作一年，一方面是礼宾处需要有新鲜血液，另一方面因为礼宾处也要和外事司的各个处室打交道，所以这一年也是一个培训的过程。

其实对新人来说没有太多发言的机会，只能是指哪儿打哪儿。

顾名思义，礼宾处就是负责礼宾的地方，尤其是高级代表团（部长级），国外部级代表团访华时的接机、入住、用车、宴请、行程单的制作等具体事宜都是我们的业务范围。

一年下来忙得不亦乐乎，但回头一看，好像又说不出来都忙了些什么。但这一年的确是一个开眼界长见识的一年，第一次去了人民大会堂，第一次去了钓鱼台国宾馆，第一次去了中南海，第一次去了首都机场的贵宾厅，很多的第一次都在这一年里经历。

因为是在外事部门，按惯例在进行外事活动的时候都要着正装，即西服。那会儿刚毕业哪有西服，有一天听说复兴门附近有一商场正在打折，我和李侃赶紧快马杀到，花五百元巨资（一个月工资!）添置了人生第一套西服，每有外事活动就赶紧换上。在很长时间内我就此一身西服，也没有换的，好在当时我们做的是支持性工作，大部分时间都躲在众人后面，换没换西服也不会有人注意。

身着新西服第一次参加外事活动，第一次进入人民大会堂

所谓外事工作就是经常和外国人打交道的工作，无论招待会、酒会或是正式会谈，中外客人都是举止优雅，穿着得体。只是正式活动结束后，他们大多乘坐豪车回宾馆或外交人员公寓，而我只能回到我那挨着厕所的六七平米的筒子楼宿舍。心里多少有些涟漪，有时候也互相开玩笑说都是干外事的，怎么差距就那么大呢。

话是这么说，但心里明白，那些是他们的生活，不是我的，至少现在不属于我，不是我的就不再多想了，但相信总有一天我也会有属于我的美好生活。

虽说处在一个毫不起眼的位置，但在关键时候我还起过一点关键的作用，至少我自己是这么认为的。

当时是在接待一位获过诺贝尔奖的美籍华裔物理学家，按照原先的计划，我们到机场把客人接到贵宾厅，休息片刻，然后直奔城里参加一次高规格的会见。物理学家抵京的时候各方面都已做好准备，我们的车队也已就位，就等贵宾休息好了之后出发。

可就在这个时候，在谈话间，物理学家坚持说他当天晚上没有任何官方安排，他已经和朋友有约了。

全场都愣住了。

不知道哪个环节出了差错，反正危机已经出现，而且物理学家没有改变计划的意思。

看大家还在愣神的时候，我悄悄走出接待室，决定先把这个消息通知还在办公室等待的其他同事，要真到该会见的时候不见人，事情就更被动了。

后来事情完满地解决了，具体是怎么解决的我不清楚，也没人跟我提起过，甚至都没人说起过我打的那个电话，但我知道我的那个电话很及时，争取了时间。

那个电话甚至可能都不在我的工作范围之内，但当危机出现的时候，是谁的工作范畴不是最重要的，解决问题才是最重要的。对演员来说这叫救场，对主持人来说这叫补台。

不过作为新人，我们（我和李侃）有一次不小心还挑战过一条不成文的规定。

当时司里有两个困难家庭补助名额，补助金额有几百元。我和李侃一合计，要说司里最困难的不就是我们两个新来的年轻人吗？我们申请补助吧。合计完我们各自提交了一份困难补助申请，却没想到这种做法引起了一些老同志的不满。

在我们看来申请补助再正常不过了，我们都是新来的，我们老家都在外地，除了工资以外没有别的收入，再加上都是年轻人，交个朋友什么的都需要花钱，肯定是“困难”的。既然如此，我们就试着提交个申请，能批就批，不批也没关系。但在此之前这是从来没人做过的事，很多人甚至觉得不可思议：你怎么能“申请”困难补助呢？困难与否得由专门部门根据观察综合考虑再来决定，绝不是你想申请就能申请的。

这样的做法颇有些时代的特点，就像在班里评三好学生或在单位评先进时大家通常都不会选自己以示谦虚一样，在面对是否“困难”的“重大命题”时，我们也应表现出对别人的“关怀”意识：别人一定比我还困难，把名额给比我更需要的人吧。

显然这两位年轻人的觉悟没到这一境界。

最后我们没得到补助。

无法就此评判是好是坏，每个时代都有每个时代的特征，任何一个机构都会有自己形成已久的一套通行做法，不管是在部委还是在公司，这些通行做法可能不是书面的，却是人人都在遵守的，有的地方叫“企业文化”，有的地方叫“潜规则”。不管喜欢不喜欢，这些无形的规定都存在着，但除非新人立志要冲破旧规则的牢笼，否则能做的就是尽量去适应这个环境，只要这样的潜规则没有触碰我们的做人原则、道德底线。

而碰巧我们都不是立志要“打破陈规立新规”的人，对没有得到困难补助的事并没放在心上，以后也没再提交申请。

也许这就是很多人眼中所谓的“棱角”被磨平了，也许吧。

在礼宾处的一年是对工作环境的熟悉过程，但更重要的是在慢慢地适应身份的转变：不再是学生了，工作了，我是国家公务员了。

未来的事业走向会是如何，是会一直待在国家教委当一个公务员，按部就班地在国内工作几年然后再到国外使领馆工作几年然后再回国内工作几年，还是换一个环境换一个工作？对于刚工作一年的我来说，考虑这些问题也许为时尚早。未来的前景还看不见，那就把能看见的先做好吧。

可是，未来会是幅什么样的画面在等着我呢？

变化发生在每一天

前不久张罗着和原来欧洲处的老同事一起聚餐，大家相谈甚欢。虽然同居一个城市，但大家都各忙各的，见面却也不易。

餐桌上我和老同事们说，如果没有在教育部工作的经历，可能我也就不是现在的我了，也许我也就没有机会当上主持人了。

这绝不是客套话。

从 1994 年大学毕业到 2001 年正式离开，我在教育部工作了七年。这是大学毕业后的第一份工作，是我从学生转变成一个上班族的关键七年，也是一个人成长定型的最为宝贵的七年。而在这七年中，有六年在欧洲处。

1995 年，在礼宾处工作近一年后，我被调入欧洲处。

欧洲处是主管和欧洲教育交流的部门，给我分配的任务是接替即将赴英国留学的新育负责和英国教育交流的日常事务。

在此之前新育已经在这个岗位上工作了十年。掐指一算，十年前我还刚上初中二年级，也就是说那个时候她已经开始在这个岗位工作，而她要等她的继任者上了高中再上大学，毕业后再在礼宾处工作一年到了欧洲处后才会离开这个位置。

这可能就是时间的吊诡之处了。

同样的吊诡也发生在自己身上。我在英语频道工作已经十二年了，现在新加盟英语频道的年轻同事也大多是刚刚大学毕业，也许他们也会忍不住做同样的畅想：十二年前我还是……

在欧洲处办公室，做工作状

在欧洲处的几年是我完成从学生到工作者身份的转型时期，也是一个自我发现的过程。

我在欧洲处的工作之一就是接待来自英国的教育代表团，而到欧洲处不久，我就得到了两个代表团的接待任务，一个是英国职业教育代表团，由英国主要职业教育机构代表组成，另一个是英国高级教育代表团，由英国国家级教育机构的代表组成。

所谓接待，就是要事无巨细全面负责，从订车订房接机到联系代表团希望访问的各相关部门，从确定行程到参加各级各类会谈、翻译并记录会议过程，再到陪同代表团在国内各城市访问等等都属于“接待”工作包含的内容。

在欧洲处的工作显然不只是翻译，但翻译是其中很重要的一部分，尤其是对像我这样刚开始工作的新人来说。从毕业到工作，我对自己的英语一直不是很有信心。现在说这个话不是为了制造戏剧效果，故作谦虚状，而是在大学时我的成绩只能算一般。我知道的是我已经掌握了一定的词汇量，我知道我可以用英语进行沟通，但我的英语水平能让我胜任什么工作，能胜任到什么程度却让我一直心里打鼓。

除了语言能力当然还有其他方面的工作能力，协调、组织、沟通等等都包括在其中。这些工作以前没做过，说不上好还是不好，但对欧洲处的领导来说，这次两个代表团的接待任务也像是对我的资格考试——这个新来的年轻人有几斤几两，正好可以通过这次接待工作称一下。

第一次独立接待来访代表团

当然那时候我根本没有时间去想到底行不行，代表团接踵而来，一堆的具体事务等着我去解决，脑子里想的只是如何解决问题，顺利完成接待任务。不知不觉中一个半月已经过去，两个代表团来了又走了。

忽然有了一些新感悟，一些新发现。

第一个发现是，我好像可以很快地和代表团熟悉起来。从来没有刻意为之，甚至如果不是别人告诉我的话我都没有意识到这一点，不过转念再一想，还真是如此。代表团抵达后半天我就可以记住他们所有成员的名字，第二天我就可以和他们处得很熟，甚至可以做到有说有笑。原来我可以胜任这份工作，原来我的沟通能力没问题！

第二个发现是，我的英语好像没有原来想象中的那么差，从语言的角度来说，我完全可以做好这份工作。同时，在一个半月的接待过程中，天天和代表团成员接触，天天和他们说英语，我甚至都觉得我的英语取得了进步。大学里老师说过的语言技巧都用上了，原来学过的但记得不是很清楚的单词好像都能自动蹦到嘴边，在你需要的时候自己跑出来，就像原有的储备遇到了一个开关，开关打开了，单词也就出来了。最让我心情大好的是，有的同事已经开始称赞我的英语了！

第三个发现是，原本以为我只是在按照自己的理解工作，原本以为作为一个新人我的工作一定会比其他同事都要差一截，就像我在写代表团接待报告时，我只是在记录接待会谈的过程，我只是认为我在用最不起眼的办法做一件最没有水平的事的时候，忽然有人对我的工作表示赞许和认可：原来我做得不差！

原来我也没有比别人差多少！从小父母的教育都是：一定要戒骄戒躁，一定要谦虚谨慎，一定要记住人外有人、山外有山，一定要记住你比别人好不了哪儿去，一定要记住别人都不比你差多少。说多了以后造成的强烈暗示就是：谁都比你强，你比谁都差！而正当我用一种自认为最笨的办法在展现最差的表现的时候，我的工作得到了大家的认可。我忽然发现：原来，尽管我不一定比别人强多少，但别人也不一定都比我强。而我也意识到，尽管我不一定比别人差多少，但我也不一定比别人强多少。最大的现实就是：闻道有先后，术业有专攻，尽管各自有强有弱，我们其实都差不多。尽管这个世上也有天才，但天才毕竟只是少数，而最大的可能是：我们都不是天才。

立时自信心大增。

差别只在于态度，有了认真做事的态度，我们就可以在可能的条件下把事情做到极致。从此，认真做事、凡事尽心成了我的工作原则。

凡事可以尽心去做，但有时不懂就是不懂，甚至还会闹点笑话。

在欧洲处时因为主要负责和英国的教育交流事务，那几年没少往英国跑。英国本来就不大，几年来从南到北几乎把英国走了个遍。

第一次是随一位副部长访问英国，英方对这次访问十分重视，除了安排高级官员会见以外，还特别安排了一次非常正式的宴请。作为代表团成员之一，我也在受邀嘉宾之列。

英方在接待过程中考虑得非常周到，特别在每一位中方代表团成员旁边安排了一位英方陪同人员，陪着说话，以免冷场。在代表团中我算是最低层级的官员，但同样，我身边也安排了一位英方年轻同事。

第一次出国就遇到这样的阵仗，一下子不知道如何应付了。不过还好，学英语这么久了，对西餐礼仪多少有些了解。实在不行还可以照葫芦画瓢，看别人怎么做就行了。

其实这次去英国我的任务挺轻的，因为刚接手，很多事务也不熟悉，也做不了什么。领导安排我去英国无非也是让我长长见识，熟悉一下工作内容而已。不过真是难为了坐在我旁边的这位兄弟，没话也得找话，因为这是他的任务。

我倒是越聊越放松，聊着聊着就聊到中国了，我问他到过中国没有。

“No, I haven't.”（没去过）他回答道。

目前为止一切正常。接下来就是“经典”桥段了。

“I should go.”（我应该去的）他又补了一句。

“Why should you?”（你为什么应该去啊?）几乎是不假思索地，我放下了刀叉，非常认真地看着这位英国兄弟。

是啊，为什么说“应该”去啊，难道有什么特别的理由吗?

可怜的英国兄弟嘴角动了几下，好像欲言又止的样子，脸上有一种奇怪的表情。

顿了一下，他说，“I mean I want to go.”（我是说我想去中国访问。）

至此，“经典”桥段结束。

那天的晚宴别的都记不清了，但就这段“经典”对白一直没忘，在几年之后想起来还觉得丢脸，关键是那天晚上我什么感觉都没有，只是事后越想越不对劲。

当这位英国兄弟说“I should go”的时候，他只不过是在客气而已，而我特认真地回问一句“为什么”。估计那哥们儿当时差点儿就要笑场了，只是碍于正式宴请场合不好意思直接跟我说：“兄弟，你想多了，我只是想客气一下而已”，憋了半天只好又解释了一句应付了事。

这再次说明语言真的不仅仅是单词和语法，脱离生活的语言是空洞的，不理解文化的语言是不会有根基的。

本想去英国看西洋景的，结果我被人家看了西洋景。

以上只是在欧洲处工作数年中的两个片段，类似的片段有无数个，有经历挫折的，也有享受成就的。正是在这一个个片段中，我在一天天地成长变化着。如果没有在教育部的日子，也许我就不是今天的我，我的故事也必然有所不同。

为此，感谢教育部，感谢欧洲处，感谢所有同仁。

副总理说：你翻错了！

在外事部门工作，翻译不是唯一的工作，但一定是工作中非常重要的一部分。刚到部里工作时得到一个印象：领导级别越高，翻译人员的级别也相应较高。如为司长翻译，可能一般工作人员就可以了；但如果是为部长或更高级的官员翻译，通常担任翻译的都是处一级的干部。这当然是因为处一级的官员工作时间较长，经验丰富，英语水平也高一些。

但这只是惯例，是惯例就有例外，只是后来慢慢发现对我来说，例外倒成了惯例，不管为处级还是司局级还是部长级的领导翻译，担任翻译的都是我这个“一般工作人员”，直到有一次要给副总理翻译。

当时是英国教育与就业大臣布兰基特来华访问，为表示礼遇，我国副总理将礼节性接见代表团一行。那时我刚从英国留学回来不久，也参与了代表团的接待。和每次接待一样，我负责具体事务的办理，上面的处长、司长以及部长都是具体拍板的人，只是各自所拍板的厚度可能不太一样。

副总理要接见，自然又有翻译的事。以前这么重要的场合都会由处长大人亲自出马，我想当然地以为处长这次也不会例外，会亲上前线。没想到就在代表团抵京前几天，处长明确告诉我说届时翻译得由我上。

再次印证例外已成惯例。而我的惯例是既然躲不过，那就迎上去。

活动被安排在钓鱼台国宾馆举行。钓鱼台不是常人能轻易进去的，绿草茵茵，树木葱葱，环境空幽，空气清新，我也是第一次进钓鱼台。

没时间领略风光了，还是赶紧再看两眼材料吧！

英方陪同代表团参加会见的有英国驻华大使等官员，听说英国大使是一个中国通，中文说得极溜。

双方见面，握手寒暄，然后分宾主落座。我也赶紧找到自己的座位，坐在我对面的是同事小张，她也是英语专业毕业的，但当天主要负责记录，翻译的事由我负责。

第一次坐在大人物后面，心怦怦直跳。

会见开始。

起初都是一些客套话，副总理欢迎代表团来华访问，英方部长大概说一下这几天的行程，翻起来问题不大。说是礼节性会见，但也不能完全是礼节性的“你好我好”之类的寒暄，双方的合作项目必然是要提的。

会见之前相关材料早已上呈，因此副总理对这些项目也相当熟悉。而我正是这些项目的中方合作官员之一，因此业务上并不陌生。

副总理开始谈到其中一个在西北的合作项目，谈到了“聋哑”儿童。说完一段，他停了下来，我开始翻译。

“聋哑”本是很熟的词，要是在平时翻译根本不会有问题。但这不是平时，这是在为领导人翻译，第一次坐在以前只有在电视上才能看见的会见场所。于是，出问题了。

突然脑子一片空白，思维短路，死活就是想不起来“聋哑”用英语怎么说，我知道就在嘴边，可就是说不出来……

一位是副总理，一位是来访的部长，一场高规格的会见，不可能让他们一直等下去。全场都在等着我往下说。

按以往的做法，不能直接表达我就绕着说，把意思表达清楚就是。今天我决定照方抓药。

具体说什么已经忘了，就记得当时我说的是“Those disabled children who can’t see or can’t speak...”

天知道当时脑子在想什么。

更要命的是我一点都没意识到已经说错了，而且同样的错误还重复说了N次。余光中似乎看见英国驻华大使嘴角动了一下，好像要说什么。顾不上他了。

没抬头看处长的脸色，一是没空抬头，二是我也不知道说错了啊。如果真有时间抬头看的话，应该能看见处长懊悔的表情——说什么呢！早知道我自己上了！

“我没有说‘盲人’，我说的是‘聋哑’。”副总理突然扭头对我说。

当众被副总理纠出个错来，这事儿还了得！

我基本没有做任何反应，一脸茫然地看着副总理，不知所措。他已经扭过头去，等着我纠正翻译的错误。

估计这时候冒汗的不止我一个。

怎么办？词儿我是想不起来了，能想起来的只剩下冒汗了。要是在做梦多好，一睁眼这些就都结束了。突然觉得梦里好像有个声音，是从对面传过来的。

“deaf and mute”。

无异于天籁之音啊！是坐在对面的小张。她今天的声音怎么格外好听呢？

有了救命稻草了，赶紧抓住。

继续……

反正已经这样了，豁出去了。说来也奇怪，刚才那几个字好像是一道坎，一旦迈过去了反而就没事了，接下来的翻译一路畅通。还好礼节性会见不是很长，半个多小时后，会见结束。

长舒一口气。

出来看见处长，我满脸歉意。处长反倒说没事没事的这都正常。

处长大人英明啊！我容易吗！

对我来说压力也就在活动现场，毕竟从来没有给大人物工作过，而且毕竟是我的工作没做好。但活动一结束压力也就过去了，这终究也不是什么天大的事。

不过这事对领导的压力可能更大，据说后来办公会上还专门讨论了这件事，作为教训，领导建议下次有这样的场合一定要派有经验有把握的同志。

看来我还是没有经受住考验啊。

巧合的是此后不久，我就离开了教育部，很多人揣测是不是和那次出错有关系。

应该不会吧。

这是我第一次为副总理级领导翻译，也是唯一一次。已经过去好多年了，但当时感受到的压力我一直没有忘记。

谨向外交部的高翻们致敬！

新闻发布会那些唐诗宋词他们怎么能翻得那么好呢？

翻译的故事：老子曾经曰过

在教育部工作的时候，我负责的一个奖学金项目叫“中英友好奖学金计划”，是由中英两国政府和香港包玉刚基金会共同出资创办的，到 1997 年结束正好十周年。该奖学金的影响力很大，十年间共有近两千人获奖学金资助赴英国留学，培养了很多人才。一个成功的项目要结束了，纪念活动自是必不可少。

纪念活动的主办方是教育部，具体承办就是国际司，而具体事务的办理人就是我。跟以往一样，各项具体事务包括邀请嘉宾、起草相关文件以及现场翻译，都是我的工作职责。

活动那天来了不少人，除了项目学员外，参与项目的培训机构以及在北京的一些英语教学专家也悉数到场。项目主办的三方都派了代表出席，中方代表是当时的副部长，英方是来访的英国教育与就业部的副部长，而港方则是包玉刚的大女儿包女士。按照安排，我除了要负责活动现场的协调工作以外，还得负责中方代表发言时的翻译，而英方和港方代表的发言由其各自代表团负责。这种活动领导的发言基本都会有稿子，而且事先都已翻译成英文。这次也不例外，因此活动前我手里就已经有中方部长的发言稿，其实那就是我们自己起草和翻译的。

按惯例活动主办方先发言，而我要做的就是在领导念完一段发言后相应地将英文稿在现场念一遍，权当翻译。领导发言在主席台，我在一侧的话筒旁翻译。

一切顺利，领导发言结束，我的“翻译”也结束。收好稿子，准备下场。第二个发言的是英方代表，按之前的理解应该由他们的工作人员负责翻译。

这时候我惊奇地发现竟然没有人上来！而此时英国的副部长已经开始讲话。要命!

作为领导，他们是不知道翻译之类的事情是怎么安排的，他往旁边一看，见有人站在那儿他就开始发言了，他已自动认定我也要给他翻译。

关键是就算没人上来我也不能就这么走下去，因为现场协调的事也归我管，翻译的事没有协调好还是我的责任。既然如此我也只能继续站在那儿了，硬着头皮翻吧!

我上哪儿说理去啊!

这时有人递上来一份讲稿，定睛一看，是英国副部长的讲话稿，只不过是英文的。这也不错了，看着译总比边听边硬记着译好一些。想什么都没用，干活吧！兵来将挡，水来土掩，你说你的，我翻我的。当然还得听着点，万一他脱稿了我还得跟得上。

这哪是领导发言呐，这完全就是一堂口译课考试，台下站着的可全是留英学者和英语教学专家啊！他们多少也看出了现场的翻译安排出现了一些问题，估计也没有多少人在认真听领导讲什么了，都在看着——这小子能不能过了这一关?

还行，我基本还跟得上，毕竟手里有稿子。

正得意，只听得——

“Chinese philosopher Lao Tzu once said，＊（＊—）——）%￥＃·＃￥￥＃￥%……·＃!”

脑子有点发懵，后半句基本没听清。

还好手里稿子还在，赶紧低头看一眼。“中国哲学家老子曾经说过，”我只好边说边想，语速很慢，希望能想起点什么。这招以前很灵的。

当然也有不灵的时候，比如今天。只恨自己古文功底太差。

“中国哲学家老子曾经说过，”话说完了，又顿了一下，可还是什么都没想起来。

也不知道谁写的稿子，卖弄古文，结果把我给装进去了。

刚才送稿子的会不会就是那个写稿子的人?!

当时台下一片寂静，都等着呢，等着看后续发展。

GOT TO SAY SOMETHING. ANYTHING! 我知道我不能一直这么干下去，必须要说点什么，老子的原文是不可能了，那就直译吧。

“这是引用的老子的一句话，意思是说……”硬着头皮我把句子的意思解释了一遍，场下居然有了一片笑声。应该是理解的笑声吧，我想。没多少人天天练着翻译老子的哲学，要练多半也是练另一个“子”的，孔子。

这时有人送上来一片纸，上书四个字，中文的，据说这就是老子那句话的原文。我都没顾上看是谁这么好心帮了我一把。

“It’s so much easier to READ Chinese!（读中文就容易多了!）”我做长吁一口气状，加了这么一句。场下又是一片笑声。这次应该是庆幸的笑声，为我感到庆幸，庆幸我找了一个台阶下。

那时候我居然还有心情开玩笑。

可这个小玩笑却是歪打正着，现场的气氛居然轻松不少，扭头一看，英方部长的脸上更是充满歉意，估计他也看出来了刚才害了我一道。

我看了一眼递上来的纸条，念出了中文，但觉得意思并不是很贴切。顾不上这些了，先过了这关再说。

过了这个坎后面就顺多了。英方部长发言后是包女士发言，一看还是没有人上来替我，干脆我就继续做吧。前面这么大的坎都混过去了，应该不会有比这个更惨的了。

包女士在发言前非常贴心地问了一句：你有我的稿子吗？我说没有。只见包女士又拿出一份她的发言稿递给我，是中文的。有稿总比没稿好，再说中译英相对还是容易些。

于是包女士说一段，我翻译一段。只是过程中一得意，我“超前”了一下，也就是她还没念出来的稿子我竟提前给翻出来了，全场又是一片笑声，这次应该是会心的笑了吧。至此大家都知道了：这活儿，它不容易！

这次经历告诉我的是：有的时候工作中总会有很多意外，躲是躲不过去的，那就迎上去吧。既然都已经迎上去了，那就做最坏的打算，做最大的努力，而其中不妨来点小幽默，调节一下气氛，也许会完全扭转被动局面的。

整个活动结束后，上来一位学者拉住我说，“刚才那句老子的话的原文其实应该是……”

早不来救场！

当公务员的日子

大学毕业后的第一份工作就是在国家教委（即教育部），从1994年开始工作到2001年正式离开，我在教育部工作了七年多时间。通常人们对第一份工作的印象总是最深刻，感情也是最深，我也一样。现在每次见到教育部的老同事感觉很亲近自不必说，就是碰到以前没有见过的新同事也会觉得非常亲切，甚至遇到来自其他部委的尤其是外事部门的朋友我都会提一句：知道吗？以前我也是公务员，我也是外事司的。看见他们工作时的状态，我甚至还能想起当年我在部里工作时的情景。

大学毕业找工作其实没有多少挑选的余地，一旦给自己设定了一些标准之后，接下来就是被挑的过程了，幸运的是我被国家教委外事司挑中了。当我工作的事定下来后，最高兴的是父母，因为他们可以放心了。想当年我独自背着行李从义乌来北京求学，如今顺利毕业而且还给自己找了一份还算不错的工作，他们自然感到十分欣慰。

就像高中毕业刚考上大学的时候不知道大学生活应该怎么过一样，刚一开始工作也拧不过身份转变的弯，不知道接下来的生活应该如何安排。

因为就住在教委大院里的单身宿舍，平日上班倒是方便，不必来回奔波。早上八点上班，通常我就七点半起床，收拾收拾胡乱吃点早饭到办公室正好八点。到办公室的第一件事是打扫卫生，就是擦桌子拖地。不知道其他部委是不是也有类似的传统，每天早到的同事都会帮着一起把办公室打扫一遍。其他同事大多是坐班车来上班的，有时班车到早了，经常是住得远的同事先到，等我溜溜达达进办公室的时候，他们早已把卫生做完，搞得我多少有点不好意思，毕竟我住得最近。

其实工作上的压力还好对付，有什么不会的不懂的都可以问同事，慢慢地也就适应了工作上的节奏。以前老听人说政府机关工作就是一杯茶一张报纸混一天，在我们这儿显然不适用，恨不得每天都得跑着干活。

忙点其实挺好，至少这样我就不用去想怎么安排时间了，而下班以后，工作一停下来反而不知如何安排了。在大学里还有同学，说笑打闹大家都在一起，就算周末北京的同学都已回家，还有同是外地的同学在学校。工作以后就不一样了，大家都各有安排，一下班就各回各家，而我们几个刚来的大学生无处可去，只能待在办公室里瞎混时间。

最难过的时间是参加工作后的第一周，完全不知道应该怎么安排时间。在大学里还有个自习的习惯，工作后自习课是没有了，虽也有时候看书，但看了一会儿就觉得无聊，又不知道该干些什么。很多大学同学也在北京工作，也常聚，但总不能天天聚。有时候无聊了就决定出去走走，也没什么特定的目标，就是在西单附近转转。那时候的西单也是一个商业中心，只是还不像现在那样发达，这也无所谓，反正购物逛街也不是我的爱好。通常的路线会是：从国家教委大院出发，往西往南至民族饭店，然后再往西单附近溜达，然后再转回宿舍，颇有点退休老同志饭后遛弯的感觉，区别在于他们是为了锻炼身体，我是因为无聊。

到了周末尤其如此。

为了打发时间，我通常的做法是周五下班后买一摞报纸，晚上躺在床上慢慢看，等看完了也困了，第二天睡到自然醒的时候通常已经快到中午，洗漱完毕后走着到西单，再买上几张报纸，然后走到麦当劳，买上一份巨无霸套餐。慢慢悠悠地边看报纸边吃汉堡，等报纸看完了我也吃完了，然后再回办公室待着。有时周末也回学校看看，找人打打球什么的，搞得很多人以为我一直没毕业。

一度十分喜欢出差，因为出差了就一直有事做，而且可以借机四处走走，虽不像旅游般轻松，但多少也可以开开眼界，饱览一下祖国的大好河山。每次不管是在国内还是在国外出差都不着急回北京，恨不得出差时间越长越好，等出差结束了回到北京，其他团员都已欢天喜地地回家了，我只有拖着个箱子回到我那挨着厕所的七平米宿舍。

还好刚开始工作的第一年，我还在电台做客座主持人，平时还有一些配音的工作，一方面多少有些外快收入，另一方面也可以丰富业余生活。

相对于生活上的无聊更让我彷徨的是未来，不知道未来在哪里，我的目标在哪里。以后我要做什么？换工作还是继续在教委待下去？如果不待我想去哪里？我想要的生活到底是什么？

对于这些问题我自己都没有一个明确的答案，我只是隐隐地感觉，现在的生活可能不是我最想要的，可又说不出来我到底要什么。

我唯一能做的就是先把现在能做的做好，虽然不一定最理想，该做的工作还是要做好，在现实的改变到来之前现在的生活还要继续。

等机会吧，尽管我也不知道在等什么样的机会，更不知道机会会在哪里出现。

长远的打算虽然不甚明了，但近期的愿望还是有的，那就是出国读书。

对于很多学外语的人来说，出国是一个很自然的想法，加强一下语言能力是一方面，同时也希望开开眼界。班上的同学已经有人出国了，也听说了周围很多人出国的故事，虽说国外的生活不一定都尽如人意，但毕竟是一次机会，一次变化。

可怎么才能出国？靠家里资助自费出国是不太可能的，家里条件不允许。靠奖学金？提供全额奖学金的多是美国的大学，但对语言专业的我们来说到了美国就等于是没专业了，而文科生在美国本就不好申请奖学金。

再次陷入困惑中，不知如何是好。

有一搭没一搭地我也开始背单词，什么托福GRE的都背，就是不知道什么时候会用上。

皇天不负有心人，还真给我等到了机会。

1997年，在接待英国校长代表团的过程中，我的工作得到其中一位团员，即英国诺丁汉大学校长的认可，获得赴英留学的邀请，并获全额奖学金。

这多少有些运气的成分。

如果不是因为接待这个代表团，如果不是因为诺丁汉大学正在考虑加强与中国的联系并希望找到一个合适的人为此提供协助，如果不是因为在接待过程中我的全情工作且表现尚可，我可能也就没有了这次留学的机会。

如果没有这次留学机会我会不会继续寻找其他机会留学，会以一种什么样的方式留学，会去哪个国家留学，就不好说了。也许我会继续留在教委工作，也许我会去我国驻某国使馆的教育处工作，也许我会离开教委而去其他单位工作也未可知。

这些都是假设，已经发生的事实是：1998年9月我赴英国诺丁汉大学留学了。

从学生到公务员的身份转变让我困惑了许久，而再次转变为一名学生的过程却是异常顺利。抵达英国一个星期以后，我对自己的新身份已经感觉十分自然。

一年的留学生活十分顺利，也还算丰富，没怎么吃苦，奖学金足以保证我不必打工就能过上相对“宽裕”的生活，临近毕业的时候还曾考虑要不要去找份临时工作打个工体验一下，最终还是因为毕业论文的压力未能实现。

只是一年的留学生涯有点短，刚品出点味道就该回国了。回国时间是1999年9月30日，正好回来看50周年国庆焰火表演。

拖着箱子又回到了我那位于筒子楼的宿舍，回到了原来的生活工作节奏。第二天醒来甚至产生了一个错觉，感觉就像做了个梦，忍不住问自己：我出国了吗？我去留过学吗？

我当然还记得我出过国、留过学，只是相对留学的时间，我在教委工作的时间更长，留学的印迹被覆盖了而已。

我又回到欧洲处继续原来的工作，有意思的是回来后接手的第一项任务就是接待英国高等教育代表团，而诺丁汉大学校长就在其中。离开诺丁汉前我去和校长告别，他曾提到将在10月份访问中国，只是没想到正在向他告别的我就是10月份要接待他的人。

回到教育部工作半年后一直隐在心里的感觉越来越强烈：这是我想要的生活方式吗？

出国访问时四处走走看看是我的一大爱好

在教育部的工作也不能说不好，教委是国家部委机关，是国家教育政策制定部门，影响力巨大，可以给在其中工作的人强烈的成就感。作为国家公务员工作稳定，而且几年来我的工作也得到了领导同事的一致认可，还可以经常出国，还有在国外教育处长驻工作的机会。工资虽不高，但福利待遇不错。

可我还是忍不住问自己：这是我想要的生活方式吗？

我甚至可以看到我在教育部的人生轨迹：在国内工作数年后，我会去驻某国使馆教育处工作，三四年离任回国，如果有机会的话会得到晋升，从项目官员到高级项目官员再到副处长、处长，在国内工作几年后再次赴某教育处工作，这时可能是二秘或是一秘，然后回国，晋升或没有晋升，然后再出国，然后再回国，几番轮回以后，退休。

这样一想，岂不是几十年的人生轨迹都已经看见了？都已经安排好了？

这有什么不好吗？

没什么不好的，只是：这是我想要的生活方式吗？

内心给自己的答复是：不是！

可是我想要的是什么样的生活呢？我不知道。从大学毕业至今，这是我的第一份工作也是唯一一份工作，其他工作会是什么样的以及那样的工作会给我带来什么样的生活方式，我不知道。

我只是隐隐觉得现在的不是我想要的。

尽管这样的想法并不影响我继续做好眼下的工作，但在回国半年后，我开始慢慢寻找新的工作机会。

悉尼奥运会前随中学生运动代表团访问澳大利亚，这是在教委最后几次出访之一

理想的工作可能是一些国际非政府机构，或是一些国际文化交流公司，能用到外语，有国际交流，而且不是纯商业机构，这应该是适合我的工作，我想。

参加了数次面试，有人家看不上我的，也有我看不上人家的。

试过联合国在华的招聘，通过了一试二试，到三试的时候考的是对某国际事件的看法，类似政论类的题目。勉勉强强写完了，但结果不看也知道。平时也算关心时事了，但也只是泛泛而论，掌握信息而已，要真写一篇政论文还真不是我的强项。

又试了几家国际非政府组织（NGO）并通过了面试，但由于各种原因，我还是决定看看再说。

这时候一个不是机会的机会出现了，受央视英语频道主持人杨锐的邀请，我去他的节目做嘉宾，结果由此得到了在英语频道面试的机会，从此走上了主持之路。

当我决定加盟英语频道的时候，我向外事司领导提出辞职，领导的第一反应是：又来一个。看来我不是辞职的第一人。

从教委辞职到英语频道工作，从一个公务员转行去做一个主持人，我不知道等在前方的会是什么样的未来，但我还是做出了这个决定。当时的想法是，实在不行，我再换！

临走的时候有教委的同事好心提醒，再待两年就可以升职了，我笑笑。

我不等了，不是等不及了，而是因为当官从政实在不是我的兴趣。我只想去做一些我有兴趣的事，去寻找我也说不上来的却一直在找的我喜欢的生活方式。

外事司提出挽留，但看到我去意已决也就不再强求，在办手续的过程中也没有为难。但即便是这样，离开教委还是颇费了一番周折，就算辞职也不能说走就走。

在任何部门都会有一些人总想在不合适的时候用一种很生硬的方式要向别人展示他们的存在。

但我去意已决，真的。

临走前我还根据工作安排，作为面试官之一面试了那一年的应届毕业生，就算要走，在走之前，该做的工作还是要做的。

几个月后，他们来了，我走了。

从 1994 年 9 月入职到 2001 年 11 月正式离开，我在教育部工作了七年零两个月。

尽管认定在教育部的工作不是我最理想的工作，但我一直坚持认真做事，也自认是一个合格的公务员。我相信当一天的和尚就要撞好那一天的钟，能做到忠于职守的和尚才是一个合格的和尚，这是我认定的职业精神。

尽管这份工作带来的生活方式不是我最心仪的，但我一直以来都对这段经历心存感激，因为正是在教育部我得到了锻炼，得到了成长。我的为人处世待人接物言谈举止，无不受到这段经历的影响。如果没有这七年，我可能就不是今天的我，也可能没有机会成为主持人。

2000 年，我主持的第一个节目 *China Today* 在英语频道播出，生命中新的一页掀开了。

怎么学英语啊？

英语是个绕不过去的话题。

在无数场合被无数人问过无数遍：怎么学英语啊?

他们不知道的是，这也是在很长时间里一直困扰着我的问题。

怎么学英语啊?

英语是个绕不过去的话题。

在无数场合被无数人问过无数遍：怎么学英语啊？

他们不知道的是，这也是在很长时间里一直困扰着我的问题。

上了大学，看见同屋的室友在听 BBC 并告诉我们他从广播里听明白了英国首相撒切尔夫人辞职了，而我还只能勉强听懂 VOA（美国之音）里的 Special English 的时候，我困惑了；口语课期末考试，词不达意满脸尴尬地问外教“你明白我说什么了吧”而外教仍是摇头的时候，我困惑了；参加学校主持人选拔，听不懂老师用英语提的问题而需要其他同学翻译的时候，我困惑了。和很多问“怎么学英语”的朋友一样，我也曾困惑地寻寻觅觅却始终觅不得语言上的突破，我甚至开始怀疑四年以后我是不是真的能以语言能力找到一份工作。

这时候，我经常问自己的就是：怎么学英语啊？

答案无处可寻。

偶尔的，在有机会和外教或留学生有过一段还算顺畅的对话以后，心里还能多少捡起一丝微弱的信心，还能支撑着自己继续天天泡在图书馆，希冀着有一天早上醒来语言水平会有一个突飞猛进。

这样的早上始终没有出现，直到毕业找工作。当我怀着一颗忐忑的心四处面试的时候，却惊奇地发现，原来我可以说英语了，原来我可以说一大段英语了，原来我已经可以用英语应付面试了！

后来到了教育部工作，发现竟然有人开始夸赞我的英语了！

而再到后来，我居然凭着英语能力进入中央电视台，有更多的人对我的英语表示认可，直到有人开始问我：怎么学英语啊？

内心哑然失笑。是啊，怎么学英语啊？这不是我时常问自己的问题吗？我可以解答这个问题了吗？我期待的那个一夜之间语言水平突飞猛进的奇迹般的早上出现了吗？

初学英语

开始学英语已是初一。

当时还不流行各种培训班，小学也没有开始英语的教学，更不用说“双语”幼儿园了（我压根儿就没上过幼儿园）。一方面是没这个风气，“不能输在起跑线上”的说法还不盛行，而另一方面，就算有这样的培训班，也不会有太多家长愿意去，因为交不起额外的学费。

但我却很早就有了想学英语的愿望。小学的时候随父母去杭州旅游，其中参观的一个景点是虎跑。记得从虎跑出来的时候，迎面过来一个外国女游客，个子很高，金发碧眼，就是在这个时候我忽然产生了一个念头——要是我能用他们的语言和他们说话那该多好啊！

人们总是习惯性地要为某件事追根溯源找到最初的动机，说到最初和英语的渊源，我想就是由这么一个萍水相逢交错而过在我的生命中只出现了几秒钟相信以后再也不会相遇的外国人促成的。她应该不是我在杭州见到的第一个老外，却在那个时空神奇地触动了某段神经，让我对从未接触过的英语产生了一种莫名的兴趣，也许就是从这一刻起注定，未来我的生活将和英语有关。细想起来，完全没有任何说得过去的因果关系，但就是在那一时刻起，我想学英语了，姑且称之为生活的神奇吧。

小学时随父母赴杭州旅游，应该就是这次旅游去了虎跑后对英语产生了兴趣

懵懵懂懂的英语学习开始了，然而学习的过程没有任何神奇，ABCD带给我们的新奇和小兴奋很快就被背单词和记语法的痛苦所取代，对于一门完全没有接触过的功课，我们学起来完全没有章法。单词，靠生记；语法，靠生背。还好初学时单词量不大，语法也不甚复杂。

但就算语法不复杂，如果不得其门而入的话，学起来也是相当痛苦的。痛苦地挣扎了一阵后，终于有一天晚上我决定去找英语老师问个明白。初中时父亲就是我的班主任，我随父亲住在教师宿舍，隔壁不远就是英语老师的宿舍。英语老师一遍遍地向我解释了语法结构要点，直到我没有任何疑问为止。

一切似乎就在那个晚上改变了，从老师家里出来后，我似乎一下子对英语开窍了，自此以后英语成绩突飞猛进，甚至敢于在考试时指出老师出卷时的笔误。

不知道应该从这段经历中总结出什么经验来，因为这只是一个学生找老师解决疑问的经历而已。但如果一定要总结的话，只能说基础很重要，初中的英语只是刚入门的英语，却是后来语言学习的基础，只有基础扎实了才能言及其他。

关于语音

初中的英语主要还是为了应付考试，没人期望我们会听会说，更不用说发音有多标准了。倒是每次回家时，隔壁的叔叔阿姨们会过来逗两句：学英语了，讲几句听听。明知道他们也不懂，我就胡乱编几句随口一说，他们也就配合地赞许几句，然后我再满足地笑几声，各自散去。

接触音标是初一下学期的事，老师测试我们音标的一个办法是听写，即老师说出一个单词，我们把音标写在本上，然后对照老师给出的标准答案看对了几个、错了几个。每次听写的时候，老师都会叫上一两个同学到黑板前听写，算是抽查。不知道是懒得拿本子，还是信心爆棚，每次听写的时候我都把手举得高高的，因此常常被叫上去听写的都是我。到后来，不光学过的单词我可以写出音标，没学过的单词也没问题，甚至根本不存在的单词，只要你能念出来的音我都可以用音标写下来。这样的过程给了我极大的信心，同时又激发了我对音标的兴趣，于是闲极无聊翻到了书本最后的附录部分——音标发音口型图，看到口型图用图解的方式详细说明了每个音标发音时的嘴形、舌头的位置以及气息的走位。出于对音标的兴趣，我竟然对根本不作考试要求的口型图投入了大量时间进行研究，更没想到这为以后练习发音奠定了有效的基础。

和在杭州虎跑忽然对英语产生兴趣一样，这次对音标的重视又是始自偶然，完全是无心插柳，而对此我唯有觉得幸运，幸运的是在我“不务正业”的时候把注意力从正课转移到了考试不作要求的“附录”，而这部分对打好语言基础却又如此重要。之所以需要“偶然”的帮助是因为以当时的教学计划来说，语音是不重要的，考试时和语音相关的考题最多也就十道题，不过五分而已。对应试的重视导致我们忽略了语音，更不用说对口语的重视。

对语音开始有意识是在初中，而第一次接触到所谓“美音”是在高中，当时学校来了一位实习老师，操着一口“很好听”的英语。我也分不出是什么口音，只是觉得“很好听”，和平时我们英语老师说的很不一样，后来听说这叫“美音”，于是开始对美音产生浓厚兴趣。到了大学后发现说美式英语的人就更多了，原因很简单，美国外教越来越多了，美国影视剧看得多了，美国留学生也来了，我们几乎被包裹在一片美音中，学美音说美音好像成了一种时尚。我也不能免俗，一度沉迷于美式发音。那时候刚好也在学北京的儿话音，听着感觉都差不多，也顾不上去区别到底北京的儿化音和美音有什么不同，反正听着都挺好听的。于是每天都自以为是地发着北京儿化音式的美音自得其乐，发音不一定标准，但自我感觉良好，于是此美音就不一定指“美式发音”了，“美滋滋的发音”也可以简称“美音”。

有一次还把“美滋滋”的美音念到了电台。大二暑假开始我已经在北京电台做兼职主持人了，按说电台做的是中文节目，但不知道为什么有一次节目中有一段英语解说，搭档一看我是英语专业的就让我在节目中将英语读一遍。那时正是我对自己所谓的美式发音信心十足的时候，于是也就没有推辞，美美地在电台直播中过了把“美瘾”。

美滋滋的感觉并没有持续多久，终归是半路出家，越到后来越觉得要想学地道的美音很有难度。大学毕业后到教育部工作，负责与英国的教育交流事务，主要和英国人打交道，一拍脑袋决定：算了，还是回英音吧。于是再次返回原路，想学英音，而此时中间出来捣乱的美音已经留下了一部分印迹，再加上挥之不去的中国口音，最后的结果是我只能把自己的发音定位成“偏英式杂音”了。

正当我对自己的“偏英式杂音”再次感觉良好的时候，一不小心又被英国人撞了一下腰。那一次也是接待一个英国来的代表团，其中一个团员大概是想赞美一下我的英语，先是夸了一通我的英语水平，然后问了一个关键问题：“你是在美国留过学吗？”

我差点没蹲地上。因为那时候我压根儿就没去过美国！

可问题是：是杂音、是英音还是美音重要吗？

我的回答是，叫什么音不重要，重要的是表达是否清晰。

这是一个无奈的选择，却也是一个最实际的选择。称之为无奈，是因为我们大多都是在中文环境里学习英语，周围的环境无时无刻不在影响着我们的发音，再怎么努力都很难达到母语的水平。不是不可能，但很难。我也曾见过语言大师说英语，语音语调比英国人还要优雅，用词造句比美国人还要准确，但毕竟他们是语言大师，而我们大部分人现在不是、未来也不一定能当大师。那就退而求其次吧，不能说最地道的英语，起码追求清晰吧。

不做最地道的，并不是说不追求标准。最基本的发音还是要的，只是偶尔有些英音或美音甚至是中国口音的痕迹都无伤大雅。

信息明确，表达清晰，沟通有效，这也是我给自己定的语音标准。

听过某音乐电台的主持人用英语播报国外排行榜榜单，可谓“洋味”十足，可就是一句都听不清，更谈不上听懂。也听过某选秀节目中的画外音，应该是“Show time!”，可在长达数月的选秀过程中，画外音却一直都是“Shoe”time！完全是南辕北辙。

是英音还是美音不重要，是不是“显得”很洋不重要，重要的是说得是不是清楚，传递的信息是不是明确，沟通是否有效。

困　扰

说到底，语音如何只是外部表现，语言的应用能力才是实力的表现。

到电视台工作以后有机会当过几次英语演讲比赛的评委，看着一个个选手年纪虽小，英语表达却相当流畅，当时真是倍感惭愧。想当年刚进大学的时候，口语组织都相当费劲，更不用说参加比赛了。大二时同屋的兄弟去西安参加全国大学生英语辩论赛，拿着二等奖回来时，众男生看着只有羡慕嫉妒恨，却又自愧不如。明知不如，却又非要给自己找个借口——人家高中是全国重点名校嘛。

话虽如此，内心多少仍是有些焦躁，焦躁之余又没有什么好的解决方案，只能寄希望于时间，祈盼时间告诉我们，不是因为我们水平不行努力不够，而只是因为还未到火候。

有时候甚至开始狂想，想到报纸上有报道说某国某地某人在某时不幸被雷击中，醒来时却发现自己可以说一口流利的原来根本不会的外语。故事的真假以及所谓的外语是不是英语都已不重要，我只是暗暗期待着什么时候我也会经历这样一次关键时刻（最好不要雷击了吧，火候不好掌握），一觉醒来，万事俱备。

畅想终归只是畅想，现实的打击却接踵而至。

大一的时候学校组织艺术节，在全校公开招聘主持人，颇有如今选秀的意味，大家自由报名，层层选拔。这样的活动自然少不了我的身影，毕竟对主持我还是很有信心的。高中的时候已经在全校师生面前指挥唱国歌升国旗活动，高二的时候参加过全市的卡拉 OK 比赛，高三的时候任学校广播站的主持人，早已过了站在众人面前会怯场的阶段。于是信心满满地报了名，一起报名的还有班上的一名女生。

过程还算顺利，通过初试、复试，我们成功地杀到了最后一关。

最后一关的考核设置是要我们演一个小品，然后回答考官的问题。那时候春晚的小品正当红，因此我们对小品的理解就是要和春晚的一样，有故事，还要有包袱。

这样的理解，没问题。

和同班女生一起商量小品故事，没问题。

排练，没问题。

正式表演，没问题，尽管编的小品有点长。

表演后回答问题，有问题！而且问题很大！

考官是用英语提问的。

我知道小品表演后要回答问题，但我竟然忘了这是一所外语院校，竟然没有想到在一所被称作“小联合国”的外语院校的艺术节上一定会用到英语，竟然没有预料到在面试时一定会对英语有所要求。

表演完后内心还有一丝小得意，得意于小品中的包袱，我设计的。没想到就在这个时候，打击来了。

考官提问了，用的是英语。

具体是什么问题我已经记不得了，只记得当时完全蒙了。

如果是在口语课上，如果老师说得慢点，我应该能明白问的是什么。可在当时，脑子一片空白，完全没有听见考官在说什么，全场人只看见一个发愣的我立在场中，不知所措。

搭档听明白了，她帮我把问题翻译成了中文。

当时我已经没有时间感到尴尬，好歹我听清了中文。

我回答了，用的是，中文。

自然的，考官说，“Can you say it again in English please? ”（你能用英语说一遍吗?）

吞吞吐吐地，我说，我不能。

我都佩服自己竟然还能继续站在那里。

不知道自己脸上是什么表情，但我记得考官摇了摇头（除此之外还能有什么表情)，无奈地写下了考核分数。

虽然最终我还是获得了主持艺术节的机会，也许是因为其他环节的表现，也许是因为参加“选秀”的男生实在太少（外语院校男生比例素来很低），面试最后一轮的经历却一直在脑海浮现，成为内心的一处阴影，挥之不去，也时时提醒我一个无法回避的现实——你的英语太差了！

然而这样的打击还在继续。

大学英语课程被细分为精读、泛读、听力、口语以及阅读理解等等，口语课老师通常是外教，且大部分外教都不会中文，就算会也从来不说，以此来逼迫我们更多地用英语进行沟通。上课时还好，反正是全班一起进行，总有人在说，我也多少能组织一些对话。问题出在了期末考试的时候。

口语考试以一对一的方式进行，即同学们一个个进入考试房间，老师提问，我们回答。轮到我的时候，前面都还好，最后要我自己讲述一个故事的时候，卡住了，怎么都过不去，情急之下问外教“You see what I mean?”（你知道我说的什么意思吧?），然后眼巴巴地看着她，期待着得到一个肯定的回答好让我脱离苦海，结果外教非常认真地回答“No!”忘了最后是怎么混过去的，但那次成绩可想而知。

口语、词汇和听力

这个阶段的困惑如影随形挥之不去。怎么办？知道口语不好，可要怎么学才能提高？天天往图书馆跑，天天背单词，却不见口语水平明显提高，问题出在哪里？应该怎么学？

这时候我也希望能找到一个先行者，一个当年也曾被困扰的人，告诉我秘诀、捷径，但这个人一直没有出现，而对我们所有的困惑，老师提出的解决方案口径却出奇的一致。

老师说要多说多听多看多练！

这能算是什么秘诀啊。关键是怎么练啊？关键是为什么我练了这半天也没见什么成效？

老师说开始组织句子了就不要停下来，一直继续下去，直到完成句子！

困惑归困惑，该做的还得做。

口语不好，和词汇量一定有关系吧，那就背单词，死命地背。背生词，背例句，早饭后在树林里大声地背，晚自习在图书馆无声默背。从学英语的第一天开始，母亲就说我一定要大声念出来才能记得住。倒不是因为母亲是学语言的专家，她只是从自己的教学经验出发，认为中文可以这么学，英文也可以这么学。是不是一定要大声念出来才能管用已经没时间追究了，有声无声先背了再说。

一通突击，我竟然完成了两本精选词汇书！一本五千词汇量，一本一万！

后来在节目中说起这个故事的时候，竟被以讹传讹地演绎成我背完了两本字典！

字典?！Thank you，but NO!

多年以后回望这一时期，发现我词汇量最大的时候就是大四毕业的时候，但这种方式是否最有效，以及背词汇对语言能力的提高有多少帮助，我不知道，这只是我的经历。对于在中学阶段就习惯了题海战术的我来说，背单词就是另一种题海战术，有用没用先用上再说。

增加词汇量总是有用的。工作以后突然发现，有时在表达的时候会有一些词，一些我不太意识到自己已经掌握的词会莫名其妙地自动浮现出来，应用的时候也不是很确切地知道用得对不对，用完后紧张地看着对方的反应，而多数情况下，冒出来的词用对了！

通常我都会将这归功于那个时期的突击。

当然光背单词肯定是不够的，毕竟语言是用来沟通的，光闷头背单词就真成“哑巴”英语了。作为英语专业的学生，口语总是需要的。要沟通，光自己说，不理解别人的信息也是不成的，因此听力是要提高的。

听力部分还好，反正就是听么，不过那时候既没有网络，也没有 MP3，要找听力素材还真不易，还好同屋室友是高手，他听 BBC，我也听 BBC，有样学样就成。后来学校有时会放一些原版电影，有时带字幕，有时无字幕。这时候不管什么大片于我来说都变成了听力材料，情节什么的没有太多精力关注，注意力都集中在主人公们说的每一句台词上了，过程痛苦自不待言。

听力练习成果如何一时也无法判断，不过渐渐地我发现我能听懂的句子越来越多了，在“痛苦”练听力的过程中，我可以“分心”关心一下情节了！随着时间的推移，听懂的部分越来越多，情节跟进得也越来越显得没那么难了，甚至在“痛苦”的练习中开始有点“享受”了。再到后来，在看中文字幕的同时我可以听清楚剧中台词的七八成了。

一直盼望的一夜突变始终没有出现，但听力练习中“享受”的部分却在一天天变大。

如果说听力部分还是自己跟自己较劲就可以练习的话，口语显然就不太适用这种方式了。口语嘛，总是要说的，要“张嘴”说的。如同现在很多问我如何练口语的朋友一样，如何克服心理障碍是第一道难关。

说错了怎么办？说错了别人不得笑话我吗？太没面子了。

这个时候，鼓励者通常都会说，没关系的，错了就再来一遍，错了别人也不会笑话你的。

话是这么说，可就是张不开嘴，尤其在熟人面前，在同学面前。

还是觉得没面子啊。

如果你现在问我怎么突破第一道心理难关，我也会说，没关系的，错了就再来一遍，错了别人也不会笑话你的。

可是别人说什么都白搭，要突破总得自己来。

和朋友开玩笑说，学语言最好的办法要么找个母语是英语的男（女）朋友，要么把你扔在一个没有一个中国人的地方。第一个办法可遇不可求，万一没有合适的，光为学个语言把自己都搭上有点不上算，第二个办法也就说说而已，但不是没有道理。经常听说有人到国外旅游，到时候没人能帮你，所有的信息都要通过自己有限的英语去沟通获取，很多人忽然发现——自己的英语还可以啊，能用啊！于是大受鼓舞，回国以后成了英语达人了。

要突破心理障碍，面子问题是个坎，但过了这个坎以后还需要一点点成就感的鼓舞，就像在国外被成功逼迫出英语潜力的人一样。

这样的成就感在班里上课的时候不好找，因为高手太多。还好，北语留学生很多，被称作是“小联合国”，总可以在不同场合遇到来自不同国家的留学生，有事没事搭上两句话，于我是练英语口语，于他们来说也是练口语啊，中文。正好，各取所需，有时还能结成语言学习对子，互帮互助。当你发现你可以用英语和人沟通的时候，心里的成就感就会逐渐涌现，暗舒一口气：原来工夫没白费。

有时候成就感来自助人为乐。大三的时候我在北京电台任兼职主持人，有一天下班的路上看到有一个老外拿张地图在问路，被问的中国人显然不会英语，于是我主动上前解围，为老外指明了方向。老外千恩万谢地走了，我也在两位国人“羡慕”的目光中（这是我的主动理解）转身离去。

能用英语帮别人解决问题，这样的经历给了我极大的信心，自此以后我经常四处观望，主动寻找助人为乐的机会，但有时忘了去评估别人到底需不需要帮助。有一次在一个露天服装市场看到一个老外在买袜子，老外说“Do you have bigger ones?”一看机会来了，我马上主动上前帮老板翻译：“他说有没有大一号的”。老板看了看我笑着说：“我明白，我会英语。”然后老板用极流利的英语和老外沟通起来。脸上一红，闪人。走开很远了心里还有点小冲动想回去问问老板（用现在郭德纲的话）“你是谁的徒弟?”想问问“你是怎么学英语的?”问的时候我一定不跟他说我是学英语专业的。

练习在一天天地进行，成就感在一天天地寻找，自信心在一天天地建立，直到毕业。

如果说大学里还是练习的话，毕业以后就是实战了，而实战也是最好的练习。在教育部工作期间，我曾经多次陪同来访的外国代表团访问国内各大学，有时甚至长达一个多月的时间都和代表团在一起，英语是工作语言，英语说得比中文还要多，忽然发现原来“储备”的词汇都冒出来了，老师说的“不间断”组织语言法的作用都发挥出来了，忽然发现——我会说英语了！

再到后来，慢慢有人开始夸赞我的英语了；再到后后来，由于英语的关系，我进入了电视台；再到后后后来，英语说到了奥运会、残奥会、亚运会、大运会、特奥会。

回想大学期间的困扰，一直盼望的一夜之间的奇迹始终没有出现，但在不知不觉中，在一点一滴的努力中、痛苦中、坚持中、累积中，我到达了我一直盼望着的彼岸。如果勉强还要把它称作是一夜之间的话，这可以说是一个漫漫长夜，但在这个长夜的尽头，是光明，是希望。

再回到无数人问过的问题，怎么学英语啊?

每个人学英语的方法各有不同，而我真的不知道有什么特别的办法或捷径。我的对策是，没有办法时就用最笨最老实的办法一步一步来，但往往最笨最老实的办法可能也是最保险最有效的办法。

一步一步都是按部就班地学，没抄任何捷径，可能也没有找到任何捷径。

如果一定要找一些秘诀的话，那就尽量多用，在用的过程中寻找成就感，寻找动力。

祝所有英语达人好运!

后记：在很多观众眼里，我是那个英语说得很好的主持人，英语甚至都已经成了我的符号之一。但我知道，我一定不是英语说得最好的，也一定不是语音最纯正的。但和所有人一样，我也经历了各种英语学习上的困惑和磨难，和他们一样，我的英语也是“学”出来的。也许在我身上他们可以看到：原来不一定非要在国外长大，原来不一定非要参加特别的培训，原来通过自己不断的努力，我们也可以学英语，也可以熟练掌握英语。从这个意义上来说，也许电视上那个双语主持人还代表着一种“希望”。为此，我感谢所有人的信任。

留学生，季小军，来了

◎ 我要去留学

◎ 留学英国

◎ 老友记

留学的事怎么听起来都像是一个天上掉馅饼的故事，的确是的，只是馅饼掉下来的时候我正好走到了那儿，我正好接住了馅饼，没让馅饼掉在地上，也没让馅饼把我砸伤。

我要去留学

大学毕业后出国留学一直在我的计划中，只是不知道什么时候会有机会，也不知道会去哪个国家。

在上世纪 90 年代，出国留学还不像现在这样普遍，能出去留学的毕竟只是少数，他们通常都是通过奖学金项目出去的，要么是国家公派留学，要么就是对方学校提供奖学金。自费出国的不是没有，但绝对是少数，毕竟当时能负担得起国外学费和生活费的人还不多。

低头看看自己的口袋，瘪瘪的，自费留学是不想了，要想留学只有依靠奖学金了。虽说我工作的教育部国际司就是主管国家公派奖学金项目的部门，而我的工作内容之一就是管理赴英奖学金项目，但我们自己真正要争取奖学金也不是那么容易，况且当时的奖学金项目大多都是访问学者项目，即有留学机会，但拿不到学位，如果想要拿学位，只能自己补交学费。

再次低头看了看口袋，还是瘪瘪的，没有能力补交学费。

那时候大学同学已经有去美国留学的了，拿的是就读大学的奖学金。

去美国留学的故事听得多了，共同点是要考托福，于是各种培训班应运而生。中国人从来不怕考试，从小到大已是久经考验，各种规模的考试测试加在一起怎么也有上千次了，再考托福也不算什么。再说那时托福还只是书面考试，中国人学英语可能口语差点，但笔头功夫一定不差，据说托福这种考试美国人都考不过中国人。

后来又出现了GRE、GMAT和雅思等，雅思是英国的考试，估计是看到中国考试经济的发展太过迅猛，所以他们也决定加入混战。不过雅思和托福毕竟还是有所不同，雅思不只是书面的考试，而是听说读写都有涉及，更强调实用性，这让已经习惯了托福的考生有些无所适从。GRE和GMAT则是针对研究生的考试和管理类学科的考试，这两种考试对中国学生最大的挑战估计就是词汇量了，都是专业词语，几辈子用不上的词都有可能出现。

因为预计着自己可能有一天会出国留学，所以有一搭没一搭地我也开始看这些词汇书，背了一个字母（即都是由同一个字母开始的单词）就信心全无，这根本就是个不可能完成的任务，要背的词多属平时不会用到的词，而用得越少就越不容易记住，只能靠死记硬背这种最笨也是最没有效率的办法，经常是背完一页新的单词发现前一天背的已经忘了。

一般人遇到困难就可能产生惰性。

我就是个一般人，背了几天后我把GRE词汇书扔在了一边。给自己的理由是，我还不知道什么时候有机会去留学呢，也不知道去哪儿留学呢，留学的事等八字有了一撇再说吧。

在教育部工作了三年以后，那一撇出现了。

我的职务是项目官员，工作的一项主要内容是接待来访的国外教育代表团，负责安排他们在华的行程，并随同代表团在国内各地访问，并且还需要在代表团访问相关单位时负责翻译。换句话说，从一个代表团到达中国以后（甚至从代表团抵达以前），和代表团访问相关的一切都需要通过我作为协调人去上传下达。

带着这一撇出现的是来自英国的一个大学校长代表团，顾名思义，代表团成员就是英国各大学的校长或副校长，代表团成员共十名，即十个校长。

这是在 1997 年。

接到任务的时候心动了一下：十个校长？要是能去哪个大学留学就好了，十个大学哪个都成。

但也就是心念一动，接下来的注意力全都集中在代表团的接待安排上了，领导人要接见，我要去办申请接见的各种手续；代表团要访问大学，我要和各大学联系确认访问时间；代表团要去西安、上海、广州访问，我要联系各地教育部门，和他们确认在各地的行程；领导接见的时候，我要翻译，同时还要及时整理会谈内容，因为我要写接待报告；更不用说还要负责安排车辆、酒店及餐饮等事宜。

根本没时间考虑什么时候可以向校长们委婉地提出我有留学计划。

要命的是由于这些校长大人们都是来自于不同的大学，各自对在华日程都有自己的想法和计划，而我们作为接待方则要尽最大可能满足他们不同的要求，于是就出现了同一天代表团成员被分成三组各自活动的场景。有一次我带着其中几位校长在北大访问，会谈正进行中，突然我的手机振动不止（刚买的手机，自己都舍不得用，结果被公家征用了），实在没办法，只好接起电话，原来是另一路校长的行程出了点问题。我只能对在座的各位连声道歉，同时用最快的速度解决电话那头的问题，放下电话继续这头的工作。

看我忙成一团，其中一位校长笑着对我说："我们几个不同的行程已经快把你逼疯了吧"。我苦笑一声，连说还好还好。

这位校长就是英国诺丁汉大学的校长科林·坎贝尔爵士。

在我无暇顾及其他的时候，这位爵士校长却在一旁观察着，后来我才知道，到了中国不久他就有了一个计划，要加强与中国的交流。按老先生的话说就是：来中国之前我在想要不要加强与中国的合作，来中国以后我在想为什么没有早些开始与中国的合作。有了这样的想法之后，老先生就一直在找人，他想找能帮助他开始与中国合作的人。

他看见了我，看见了眼前这个忙得团团转的年轻人。

当时我对老先生脑子里在想些什么全然不知，我正忙着协调安排代表团接下来的行程。

离开北京后，代表团抵达西安访问。西安的行程和北京大致相仿，即代表团访问相关单位，同时有空的时候参观一些景点。由于有了当地教育部门的接待，我的工作轻松了许多。

有一天从西安交大访问后回酒店，回房间前，诺丁汉大学的爵士校长忽然拦住我说：我能占用你几分钟时间吗？我们在咖啡厅坐坐，我有些话要跟你说。

关键时刻就要到了，舐饱了墨的笔就要写下那浓重的一撇啦。

而当时的我显然没有意识这一点，我以为老先生要跟我说这次访问的事，正好我也想问问他对未来与中国大学的合作有些什么想法，我好写进我的接待报告里去。

我真是太敬业了！

结果老先生说：不知道你愿不愿意考虑到诺丁汉大学工作？工作的时候如果有时间，同时你自己也有意愿的话，你还可以再读个学位。

关乎我留学的这一撇终于写了下来。

我一下没反应过来：什么？

老先生又说了一遍，他还直担心我不一定会接受他的 Offer，又加了一句说：你不用着急回答，考虑一下，在我离开中国之前给我答复就行。

真的就几分钟时间，咖啡还没上来呢。

等我听清楚他的真实意图以后，我已经有答案了。这还用问吗，我不是正想着要出国留学吗？还真是想什么来什么，机会来了。我很幸运，我承认。

不过老先生说了，不用着急，考虑一下再答复。

好吧，那……我就考虑一下吧，你自己说的。

多年后再讲起这个故事的时候，很多人觉得不可思议，怎么这么好的机会就落在你头上了？

我当然是幸运的，我正好在教育部工作，我正好负责和英国的教育交流事务，我正好接待了一个大学校长代表团，我正好碰到了一个希望与中国交流合作的大学校长，我正好在他要找一个人的时候出现在了他的面前，我很幸运。

可转念一想，为什么是我呢？

也许正好我有在教育部门工作的经验，正好我对中国的教育体制有所了解，正好我负责与英国的教育交流事务，正好我对英国的教育制度也有所了解，正好我会说英语，正好我的英语沟通没有问题，正好我还有做一些协调工作的能力，正好我在展现工作能力的时候被他看见了。

邀请我赴英留学的诺丁汉大学校长科林·坎贝尔爵士，这是去英国留学以后的合影

怎么听起来都像是一个天上掉馅饼的故事，的确是的，只是馅饼掉下来的时候我正好走到了那儿，我正好接住了馅饼，没让馅饼掉在地上，也没让馅饼把我砸伤。

在一大堆的偶然中，总能看到一些必然。

偶然的因素我们无法掌握，而那些必然的因素，也即那些基本的要求，我们却需要提前具备，比如练好眼力，比如蹲好马步，比如手疾眼快，只有这些条件具备的时候，我们才能确保在馅饼掉下来的时候能够抓住它，不至于让它滑过，也不会让馅饼砸伤。

可是什么时候会有馅饼呢？

不知道，也许很快，也许一直都等不到。但我们能做的只有不断地练习眼力，练习马步，只有这样才能保证当真的有馅饼掉落的时候我们能抓住它。

费了一番周章解释了一通馅饼理论，又转念一想：多大个事啊，不就是留学吗？

也许不是什么大事，但道理都是一样的。

而于当年的我来说，有这样的一次留学机会，的确是件大事。

离开西安后，代表团来到上海。我还是没急着说（尽管我已经很笃定自己的答案），直到最后一天爵士校长要上车离开前。

从西安到上海好几天的时间了，老先生再没提过这事。上海的行程结束后，老先生会提前离团回国，我要是再不说出来老先生得以为我对他的建议没兴趣呢，要这样的话戏就演砸了。

最后在老先生上车前，我拦住他说，我愿意接受你的Offer，谢谢。

老先生点点头，说回去后会给发一封信确认，然后上车走了。

到这儿为止，这八字的一撇终于圆满画下，接下来就是那一捺的事了。

老先生回国不久就给我来了两封信，其中一封信说的是邀请我去诺丁汉大学工作留学，这封信是用来让我去申请签证的，另一封信的内容与他在西安和我说的差不多，即希望我能去诺丁汉大学工作，他可以给我15 000英镑的年薪。

15 000，英镑，一年？

对于当时一个月也就挣个1 000来块工资的小公务员来说，看见15 000英镑这个数字时着实震了一下。我瞪大了眼睛。

原谅我的见钱眼开。

当时英镑对人民币的汇率应该在1∶15左右，15 000英镑，合人民币就得……225 000元！每个月就是18 750元！我发了！

各位看官，请再次原谅我发一下痴，虽说看见的只是一封信，虽然这封信也许无异于镜中花水中月，但对我来说，这是第一次如此近距离地和这么多钱联系起来。

农村来的孩子没见过世面，苦孩子出身，看来是有点hold不住了。

但农村来的苦孩子也知道自己要的是什么，我要的是留学，如果能用边工作边留学的方式达到目标，何乐而不为。但如果因为要工作而耽误了学习的计划，我可以放弃这份工作而专注于学习，尽管……要放弃15 000英镑……有些不舍，但我相信在未来，我可以挣回我放弃的这15 000英镑。

农村来的苦孩子这点信心还是有的。

又看了一遍校长给的信，这是要用来申请签证的，但我发现里面没提费用的事，如果费用的事不说清楚到时候申请签证会有麻烦，虽说另一封信已经明确说明我会有 15 000 英镑年薪的收入，但毕竟这是两码事，签证官也不会理会我的解释的。拿不到签证，那一捺就无法写下，我也就去不了英国留学了。

再次给校长写了一封信，希望学校能再给我出一封信，说明费用等相关问题以备签证之需。同时为了保证效率，我用传真把信发了过去。

那时候电子邮件应用得还不是很广泛，办公室还用拨号上网，网速慢不说，还经常断线。相比之下，还是传真保险。

信发过去之后，石沉大海。

后来想想也属正常，留学这事于我来说是件大事，于校长来说只不过是诸多事宜中很不起眼的一个“之一”，他先忙别的更重要的事而忽略了回答我的信也完全正常。

果然，不久之后，我收到了回信，这次是由学校国际处发来的，署名的是国际处处长 Christine Humfrey 女士。信中明确，学校邀请我去诺丁汉大学留学一年，学校将为我免除全额学费，并将每月为我提供生活费。

这八字的一捺终于落笔了。

为了与校方确认我已经收到信件了，我决定给 Humfrey 女士打个电话，在电话中除了确认我已经收到信件以外，我又问了一句：这一年我将按照校长在前一封信中所述的在诺丁汉大学工作，还是说我就是在诺丁汉大学留学，学校给我一个全额奖学金？

Humfrey 非常肯定地在电话里说，你将会是一个学生，在诺丁汉大学学习硕士课程，学校提供全额奖学金。

得，15 000 英镑的年薪飞了！

也不知道是学校改变主意了还是别的什么原因，显然学校给我的条件已经变了。这倒也好，不用自己纠结了，学校已经替我做出了决定。不过只要留学这事不发生变化就好，再说了，要真是按去英国工作理解的话，所有的手续就不一样了，国内的工作我得辞职，申请的签证也将是工作签证，风险太大，而我从来都不会去冒无准备之险。

后来真正去了英国以后才明白，原来校长的意思只是校长的意思，到了执行层面这个意思就变了，明显是相关人员并非那么认可校长的决定。后来到诺丁汉大学报到后一个星期，我就被叫到大学研究生部办公室，一位领导模样的女士刚坐下就说：“Let’s see how good you are!”意思就是要看看你有几斤几两，为什么校长要千方百计把你请来。显然在她的眼里我的身份是学生，显然她对校长的决定有些保留意见。那一次的“面试”是顺利通过了，后来我也继续参与了学校一系列有关与中国开展合作交流的会议，并帮助学校与国内联系，但从类似的事件中我完全了解了为什么学校提供的条件会从“工作”变成“留学”。

不过，以什么方式去留学并不重要，现在我关心的是接下来的事，申请表、雅思成绩以及签证等等。申请表是指要去留学就得完成的报名程序，就算是校长大人邀请的，留学程序也是一样的，雅思成绩是指通常去英国留学都会要求出示的语言成绩，而我从来没有考过，不知道有没有可能免掉，另外当然还有签证问题。

有人说生活有时比电视剧还要有起伏，此言不假。

倒不是留学的事出了问题，而是这时候根据教育部的统筹安排，我要下乡挂职锻炼！

这无异于给我的留学电视剧加点作料。

挂职锻炼在部委是个通行多年的做法，通常年轻人刚参加工作的时候都要去一些相对欠发达地区工作一段时间，名曰“锻炼”。不同的机构去的地方有所不同，在地方的工作内容也随所在部委的不同以及所任职务的不同而有所差别，但共同的一点是各部委对挂职锻炼都很重视，甚至有传言说如果新同事没有锻炼有可能影响到分房留学等重大事宜。

我们要去的地方是河北涞源，具体就是涞源县政府。同行的还有几位刚工作不久的同事，和我同时分入国家教委的李侃也在其列。

既然是规定动作，那就去吧。但此时留学的事还没办完，很担心会不会因为联系不畅而把事情耽误了。

在涞源我们倒是不忙，但当时涞源的基础设施建设的确和北京有很大的差距，打国际长途都不是很方便，打听了一下，了解到县城能打国际长途的地方只有邮电局。

要填申请表了，但有些信息不是很确定，我决定再给诺丁汉大学写封信。在县城的打字社打了一封信，把能想到的问题全写了进去。考虑到寄信太慢，我决定去县邮电局把信传真过去。

邮电局的工作人员态度很好，怕我不放心，专门让我站到传真机旁，让我看着传真发走。

最后一结算：83 元。

还真不便宜，但这个时候也顾不了那么多了，办事要紧。

至此留学这个“八”字的那一捺已经基本写下。

信中提到了雅思问题，和学校商量能不能免掉英语考试，理由是我在大学是英语专业，而且毕业后一直从事国际交流事务。学校回复说：准！

立马把什么雅思托福之类的考试培训书扔在一旁。

1997 年正值我国国家部委精简人员，很多部委的工作人员都被以各种名义分流到各个部门，而留学也是其中一种方式。在那一年，我也从领导处得到通知，获准出国留学。

接下来是签证了，等了一个月的时间，顺利拿到签证。

1998 年 9 月 24 日，我登上了前往伦敦的班机。

留学生，季小军，来了。

留学英国

经过 12 个小时的飞行，我乘坐的航班稳稳降落在伦敦希斯罗机场，随身携带的除了简单的行李和以前出国时省下来的几百镑生活费外，还有对未来一年留学生活的无限憧憬。

和 1995 年第一次出国时相比，此时的我对英国已经相当熟悉。几年来由于工作关系我没少跑英国，多的时候每年都得来三四次，不过每次都是以官员的身份随代表团访问英国，每次都是工作在身，虽说抽空也会四处走走看看，但也不可能完全按照自己的兴趣安排行程，毕竟完成代表团访问任务才是第一要务。

以留学生的身份再次来到英国，相较以前，走出机场的时候心情更为轻松，但同时又多了一种紧张之感，不知道即将到来的留学生活会是一幅怎样的画面。

专业

留学学什么专业是一直都在困扰我的问题，大学里学的是英美文学，后来"文学"部分基本都还给老师了，剩下的只是语言部分了。作为语言专业的学生在考虑研究生课程时可选的专业并不多，无非是继续学习语言专业或者选择教育、媒体、管理等专业。继续学习语言专业基本可以排除，因为个人对纯语言学科兴趣不是很大；教育专业倒算是对口，但兴趣也不是很大；就想学点别的，以便在未来找工作时可以多一个选项（这时候隐约已经有想换工作的打算了），剩下的只有媒体专业和管理类专业了。想选择媒体类的专业，比如大众传媒什么的（怎么看都像在为未来去电视台工作做铺垫，但那时候真的还没有那个打算），但遗憾的是诺丁汉大学没有这方面的专业，那剩下的只有管理类的了。

最后我选择的是工商管理专业，也就是 MBA。

一不小心赶了个时髦，因为当时 MBA 正大热。

其实在很大程度上这是学校方面推荐的结果。

就在我正式去英国留学之前的几个月，我最后一次以教育部官员的身份随一个中方代表团赴英访问，在访问间隙我决定去诺丁汉大学看看。还有几个月就要来留学了，我想先去探探路。

诺丁汉离伦敦不远，位于英格兰中部，在伦敦北面，坐火车也就两个小时的路程。到了学校顺利见到了邀请我前来留学的爵爷校长坎贝尔先生，还有一直和我联系具体事宜的国际处处长 Humfrey 女士以及教务长，期间几个人就谈到了我来了以后学什么专业的问题，其实之前也有过讨论，只是没有最后确定。

听了我关于专业的一些想法之后，Humfrey 女士建议我可以考虑一下管理类课程，只是大部分的管理类课程需要有本科的相关专业要求，而工商管理硕士课程（MBA）只需要有四年以上的工作经验即可，而且任何领域的工作经验均可。从 1994 年开始工作，到 1998 年，正好四年，满足要求！

就是它了。

最为纠结的专业问题就在这次学校探访中顺利解决了。

校长接待极为热情，他本人因为有事要提前离开，特意嘱咐 Humfrey 女士和教务长带我参观一下校园。

诺丁汉大学并不在诺丁汉城里，而是位于距市中心三英里左右的城郊，离一个叫 Beeston 的小镇很近，我们的宿舍就多在 Beeston。诺丁汉大学的校园风景如画，园艺秀美，在主楼前还有一片颇有些年头的树林，树林前面就是诺丁汉大学的标志之一人工湖（另一标志就主楼上的钟楼，大学的校徽就以钟楼为标志），还常有天鹅徜徉其中。在学校简介中，这部分校区就被称作“大学公园”（University Park），敢把校园称作公园，可见其底气。校园占地三百三十英亩，原是英国有着一百多年历史的著名医药公司博茨公司（Boots）的创始人 Jesse Boot 爵士的庄园。

来英国之前就已经通过互联网等途径对学校有了一定的了解，而当我终于亲身来到学校看到如此美景的时候还是禁不住心中暗喜：几个月之后我就要再次回到这个美丽的校园了！

下马威

在驻英使馆教育处同事的帮助下，我顺利抵达诺丁汉大学。

尽管以前来过英国多次，这次的感觉却有些不同，内心有了一种不一样的期待。

留学最重要的目的之一当然是学到新的知识，并拿到一个有一定分量的学位，为日后的职业发展奠定基础。但这也就是目标之一，与此几乎同等重要的还有整整一年的经历，在这一年中，我希望打开所有的感官，去看，去听，去感受。

学英语多年，一直在工作中与外国人打交道，却一直觉得并不了解对方的文化和思维方式。就算在访问英国的时候，看似我们来到了对方的国家，应该可以有切身感受了，我们却仍随时被“中国”二字包围着，因为我们是官员、是学者，因为我们是“来访”的中国代表团，为了表示礼遇，我们被接待方处处照顾着，甚至宴请都会安排在当地的中餐馆。我们身在英国，却又被一种无形的力量隔离着，这并非是接待方有意要阻隔什么信息，而只是因为我们是官方代表团这一属性所带来的一种自然而然的结果。

前几年我开始主持《海客谈》（*Crossover*）节目，这个机会让我兴奋异常，因为这正是我一直想做的。在全球化背景的掩盖下，我们都觉得信息的快速传递已经足以让来自不同国家的人互相了解，然而事实是，我们能看到的多是政治家们与精英们在做什么说什么，而真正的老百姓之间可以互相了解的渠道却少之又少。在《海客谈》节目中，我们至少可以让海外的观众明白中国社会在发生着什么，以及为什么会发生，在这背后的中国人的思维方式到底是什么，他们作为本国的普通老百姓，可以通过这个节目了解中国老百姓的生活是什么样的。

想了解普通大众的生活，这是我不知道从什么时候开始就已经形成的习惯。在国内出差的时候，每到一个城市，只要有空我就会一个人上街走走，没有特定的目标，只是走走看看，只有这样我才觉得是到了一个城市了。而在国外访问的时候，我也常常这样做，有的时候还上当地的超市买买东西，上电影院看场电影。

即便是这样，我还是觉得我对“洋人”不甚了解。他们的思维方式是怎样的？他们和我们有多大的不同？

为什么一定要去了解呢？

没有特别的理由，只是一种习惯。

这次终于有机会了，我有一年的时间可以慢慢去感受，去了解。要不然费了这么大的功夫来到英国，只拿一个学位回国，效率不高，有点亏。

到学校后的第一件事当然是报到，在报到处放眼一看，果然是个“联合国”，大家都来自不同的国家，分别操着不同口音的英语，当然我也听到了熟悉而亲切的中国口音。

报到过程相当顺利，因为住宿等事宜在来英国之前就已经在网上选好了，报到时只是确认一下，签一下到。

报到后就得去我选择的宿舍区 Broadgate 了，初来乍到人生地不熟的，也不知道宿舍离校区有多远，拖着大箱小箱的走着也不方便，正好在报到地附近有几辆出租车在等活儿（看来这点在哪儿都一样），就打了辆车前往宿舍。

到了目的地才知道，其实宿舍离校园并不远，出了学校西门过个路口就是，但此时也顾不了那么多了，拿着行李也实在不方便。

到了 Broadgate，搬下行李，我掏了张 10 镑的纸币给司机，只听着这位老兄

到诺丁汉后不久与同学参观诺丁汉城堡，雕像应为侠盗罗宾逊

嘴里嘟哝了几句，意思是你行李挺多的要多付车钱、零钱就不找了之类的话，还没等我反应过来，他就已经扬长而去了。以前在英国打车的经历并不多，但在伦敦还是坐过出租车的，对价格多少还有点数，虽说对诺丁汉的价格不甚了解，但不至于比伦敦还贵，从报到的地方到宿舍距离绝用不了10镑。

明显被宰了。

没想到刚到诺丁汉的第一天就是这样一个下马威。也没记车牌，没办法了，就算是体验的一部分吧。

后来还听说过其他同学有类似的经历，当时他们正躺在草坪上享受美好日光浴，忽然斜刺里就冲过来一个年轻人抢了包就跑，追都追不上。可怜她钱包护照等重要物件都在里面，钱肯定是找不回来了，补办证件银行卡之类的更是费了不少周折。

类似这样的事件一下子把我们从美妙的幻想拉回到现实，对于一个陌生的国度，每个人都会有一个先入为主的印象，可能来自电影，可能来自书籍，可能整洁文明完美异常，也可能脏乱粗鄙不堪入目。不管是正面的还是负面的印象，往往都只是我们的主观印象，极有可能与事实大相径庭。

坐出租车被宰显然是一个提醒，原来这个社会和任何社会一样有美好的一面，也有阴暗的一面。

住宿

拖着箱子来到宿舍，宿舍条件还不错，四个人共享一个套间，他们管它叫flat，每人都有一个独立的房间，四人共享卫生间和厨房，厨房还有一个冰箱。房间都不大，也就和我在北京的宿舍差不多，六七平米的样子，但配备还算齐全，有一个张床，一张桌子，一把椅子和一个衣柜。和我同屋的有一个意大利人，一个毛里求斯人和一个土耳其人，其中来自土耳其的哈里耳是我MBA班的同学。

我选择的是学校提供的宿舍，收费并不便宜，但包含卫生服务，即宿舍公共区域有专人负责打扫，而房间内部的清洁得自己处理，学校为每个宿舍提供吸尘器。

与同屋室友

宿舍的电表是插卡式的，每个宿舍只有一个电表，也就是说电费得由宿舍成员分摊。来自意大利的马科斯同学提议每次每人出5镑，可以由他去买电，用完再集资再买。这个办法简单易行，容易操作，我们都表示同意，问题顺利解决。听说其他宿舍也有在这个问题上发生争执的，因为有人不同意平摊电费，表示在宿舍待的时间有长有短，待的时间长的用电就多，必须要多付电费以示公平之类的。

出门在外，大家都不容易，何必如此斤斤计较。再说大家都来自不同的文化，不同的家庭背景，如果大家在解决问题的时候都只坚持自己的看法，那就什么问题都解决不了了。

解决住宿问题时我还体验了一把英国的官腔。学校为了方便学生特意推出了一些特别措施，其中一条是我们不需要在报到的时候就交学费和住宿费，主要是考虑到一些国际学生可能刚报到的时候经费还没有到账，而且本地银行的账户也没建好，不方便转账。根据学校的规定，我们可以分三次交完学费和住宿费，一方面减轻压力，另一方面如果有谁想中途退学的话也少了些申请退费之类的麻烦。

这样的设计本来很好，也很方便，但因为我享受的是学校提供的全额奖学金，在奖学金是不是包括住宿费这个问题上我和学校财务部门在理解上出现了偏差，我的理解是学校免除了所有费用包括学费和住宿费，每个月再提供生活费，而学校的理解显然是住宿费已经包含在每个月的生活费中了，即我要自己交住宿费。没人向我说明过这一点，我也没向任何人问过这一点，该交钱的时候我没去交，过了最后期限后的第二天，财务部门就给我发了一封信问我为什么不去交费。

收到信后我赶紧拿着支票（英国银行提供个人支票服务）到学校财务处交费，学校财务处工作人员看了一眼他们发给我的信，虎着张脸问了句“为什么来晚了?”完全是权力部门对办事人员居高临下的态度。

这让我忽然觉得很熟悉，在国内的时候没少感受这种待遇，都听说过这个顺口溜：门难进，脸难看，事难办，没想到在这个发达老牌资本主义国家也有这待遇。

赶紧解释说我拿的是全额奖学金，在住宿费由谁支付的理解上出了点偏差所以来晚了。

“下次注意啊!”对方回答。

连用词都差不多!

要是全世界的权力部门联合起来举行一个交流会的话，一定会发现很多共同语言，全世界去权力部门办过事的人聚起来，也一定会有很多共鸣。

一定一定，下次一定不晚。

做饭

生活是具体的，接下来就是吃饭睡觉的问题了。

经过伦敦的时候，在使馆教育处工作的同事给我提供了一套被子和一套锅碗瓢盆，说都是上一届的留学生留下的，就传给我了。这让我倍感温暖，一年后我自己毕业的时候我也把这套用具带回教育处，以便再传给下一学年有需要的同学。我不能辜负了大我一届的师兄的一片心意啊，一定要把他的做法继续下去。

宿舍没有洗衣机，但每个宿舍区都有一个洗衣房，投币洗衣。洗衣房和宿舍都没有晾衣服的地方，环顾整个 Beeston 小镇也没看见一家家庭是在外面晾衣服的，看来人家英国人没有晾衣服的习惯，我们也得入乡随俗用烘干功能了，不过这实在是不环保，还贵！

有了锅碗瓢盆就能做饭了，在北京住宿舍时练就的“厨艺”终于可以发挥作用了。其实也没什么厨艺可言，只是用“以不变应万变”的程序把饭菜做熟而已，反正是自己吃，品相差点没问题。还真是这个道理，品相差的不一定不好吃，品相好的不一定好吃，比如说米吧。

英国人也吃米饭，只是西方人吃的米和我们吃的米实在不一样，生的时候一粒是一粒，煮熟了还是一粒是一粒，不软，也不粘。第一次去超市买米时没什么经验，看着各种米品相都不错，颗粒饱满，色泽明亮，按在国内买米的经验来看和东北大米或泰国香米都有得一拼，这都是好米啊，还便宜。二话没说买了一大袋，结果回来一煮就发现上当了，一点都不粘不说，还老煮不熟的样子，吃起来全无口感。后来再去超市居然发现了泰国米，上面还特别说明“粘”，这才解决了大问题。

有了米却没有电饭锅怎么做饭？小时候在农村长大的经历此时又帮上了大忙。以前在家也没有电饭锅（没电饭锅的时候大家不是照样也有饭吃么），做饭就是直接在大铁锅里做，放多少米，加多少水，火力大小等完全靠自己掌握。小时候在家做饭不多，但好歹做过几次，知道用铁锅做饭的诀窍是用“焖”字诀，即不用一直给火，做饭时把水烧开了就可以把火灭了，然后用余温即可将饭“焖”熟，但“焖”时绝不能开盖，这是外婆告诉我的。

宿舍厨房用电炉不用煤气，虽没有明火，但道理是一样的。

第一次用小时候学到的方法做饭，没想到一击成功，火候掌握得恰到好处，一切和事先预想的一样，好是让我得意了一阵。

接下来就是原材料了。先是作料，葱姜蒜在一般超市里好像还不好找，但好在我在小镇里发现了一家印度小超市，东西和国内差不多，一下子解决了大问题。后来就没少去这家超市，毕业临走的时候还专门去超市和印度老板打了个招呼告别。

到了英国之后才发现，原来这儿的蔬菜少不说，菜价比肉还贵，比较下来最便宜的居然是鸡肉。于是接下来的一年就没少吃鸡肉，当然鸡爪之类的东西是找不到的。

做饭的时候就看出各国饮食文化的不同了，虽说以我的做饭技巧来说还远不能代表本国饮食文化，但至少部分体现了各自的饮食习惯。就以做牛肉来说，我们都习惯将牛肉切成小块以后再操作，是炒是炖均可。看我做得多了，来自意大利的马科斯好奇地问你为什么一定要把肉切成一小块一小块的，一整块放进去做好了切着吃不就成了？而且你为什么还要在做的过程中不断地翻腾它？

遇到这样的问题多半是无解的，无非是习惯的不同。但于我们来说再寻常不过的方式对他们来说也可能显得很新鲜甚至还很难理解，你总不能说“就应该是这样的啊?”没什么应该或不应该，只是习惯不同而已。

耐心地和马科斯解释了一通，他还是不太理解的样子，摸着他的大胡子，笑了笑走了，也许他还在想：太奇怪了！

后来看见过来自毛里求斯的同学做饭，惊奇地发现他的做饭方式居然和我的很类似，而且最后的味道都差不多。

真是不尝不知道，这世界真奇妙。

后来做得多了，自信心长了不少，反正在英国越南人都敢开中餐馆，我做的中餐总还不至于太离谱。于是有的时候也邀请班里的同学到宿舍吃饭，英国本地同学当然美得不亦乐乎，连称“Very good!”，更让我开心的是连几个香港来的同学都慢慢抛开了刚开始时狐疑的神情，连称“真还不错呢!”有一次班里同学组织烧烤派对，按惯例每个人都要带一份自己做的菜，我居然做了一份从来没尝试过的酸辣汤。只是后来发现胡椒粉放多了，而老外多吃不了太辣，结果最后只好我自己解决，当然喝完后我也没忘赞一句：这是谁做的，味道真不错！

吃住的问题解决了，接下来就是行了。

宿舍离学校不是很远，离小镇也很近，走走都能到，但总觉得有辆自行车可能更方便。小镇上正好就有家小店卖二手自行车，估计每有新生报到的时候都是他们的买卖旺季。进去后看中了一辆山地车，经过一番讨价还价，最后以 25 镑的价格成交。

毕业卖自行车时的“交车仪式”

有了自行车后还真是方便了不少，后来可能是用得太多了，链条居然断了，要是再拿回店里修的话估计得花不少钱，不划算。后来我干脆把链条截短了一段，把变速山地车改成了定速山地车，用着居然也很顺。后来毕业的时候我把自行车又转手卖给了新来的同学，新同学主动出价 28 镑，没问题，成交！哈哈，用了一年，增值了！看来应该是我改造的功劳了！

同学

那时对国人来说出国还不像现在这样方便，而且多是公派出国。班里来自大陆的学生不多，一共只有七人，其中两位还是原本就已在英国的，只是出于签证的考虑而申请继续求学，过了不到一个月两人就不见了，可能是有了别的安排。班里来自内地的同学虽不多，但会中文的学生却不少，总共有二十几个，分别有来自香港、台湾地区的同胞以及来自新加坡、马来西亚等国的华人。全班上公共大课时也就七十来人，三分之一左右都是华人。

报到第一天就碰到了几位，有北京的 Diana、香港的 Alice、Sharon、Stella，还有新加坡的 KT。初次见面大家都感到很新鲜，几个人坐在一起开始一通海聊。反正学期还没有正式开始，还没有课业的压力，大家还可以“浪费”一点时间。一年的 MBA 课程正式开始后就不易有这样的奢侈了，当然这是后话。

大家聊得很 high，各自“交代”了一番原来是干什么的，为什么要来留学以及以后的打算等等，聊了半天 Alice 忽然提了个问题：我们为什么要用英语聊啊？还真是，这半天都是在说英语，看来是提前进入上课时的状态了。听完 Alice 这一问大家都是一愣，然后纷纷开口说中文，虽说各有口音，但还是中文说得亲切。

后来有台湾同学号称要和我学正宗的北京话，还一本正经卷着舌头开始说“北京话儿”了。盛情难却啊，于是我这个北京的外地人就开始教台湾同胞说“北京话”了，只是试了几次之后实在看不见希望，只好放弃。前一段时间去台湾再次遇到当年的“学生”，还再续了一段北京话课程。

在生活中我更愿意和同胞交往，因为有同样的文化，沟通更为顺畅。经常能见到在同一宿舍区居住的来自香港和台湾的同学，虽说以前不是有很多机会接触来自这两个地区的同胞，他们甚至被称作是“最熟悉的陌生人”，听得很多，接触得很少。这次终于见到了，虽说都是第一次见面，却天然有一种亲切感，彼此感觉十分投缘，相处甚欢，甚至对来自新加坡的说中文的 KT 也有同样的亲切感，直到现在毕业十几年了我们依然保持着联系。所谓血浓于水就是指的这种感觉吧，有些东西是在骨子里的，不管外部因素如何变化都不会受到影响，这就是文化的力量。

在生活中如此，但在学习中我却更希望能经常和来自其他国家的人沟通。

MBA 上大课时会有七十多名同学，而后根据自己的喜好选择不同的课程后就各自去不同的小班上课。但不管是哪门课，教学的组织方式都差不多，即全班会被分成若干个小组，每个小组会给一个作业，最后要么在全班面前做陈述，要么各自写一篇小论文。不管是哪种方式，都需要我们组成小组，要进行头脑风暴，要有分工。

每次找同学组成小组的时候，我都有意避免参加全是由中国同学组成的小组，因为对我来说，和来自不同国家的同学组成小组进行讨论将是一个绝好的机会，可以让我在学习的过程中了解来自不同国家不同文化背景的人的思维方式是什么样的。就像一早就预想的那样，对我来说，学位是重要的，但了解不同的文化更重要。

那时候要参加这样的小组并不是很难，毕竟华人不占多数。这几年出去留学的人多了，听说有的热门课程甚至一半学生都是国人，真不知道他们进行头脑风暴的时候是用中文还是英文，从某种意义上来说，这甚至失去了留学的意义。

正是出于同样的考虑，每天下课以后我都会选择和同学们一起去食堂用餐，尽管学校的饭又贵又不好吃，但这是了解不同文化以及他们行为方式和思维方式的一个绝佳机会。听起来好像很复杂，好像时时都要刺探什么情报似的，其实原因也很简单，我只是对不同的文化好奇，我只是想有更多的了解。

一起去食堂吃饭的中国学生并不多，毕竟那又意味着多了一份开销。还好我有奖学金，也没想着省什么钱，先花着，反正我坚信挣钱是以后的事。

班上有个英国同学频繁换女友，中午吃饭时大家不免就开始八卦。我问一本地女同学：这在英国算是正常的吗？“No!”女同学斩钉截铁地回答，脸上还写满了不屑。

文化交流并不是大家端坐正厅，正儿八经才能完成的，那是完成官样文章，真正的文化交流就是民间，在普罗大众间，就在生活中，甚至就在八卦中，因为在人们不经意间流露出来的，正是他们所来自的那个文化的一种自然体现。

来英国之前和到英国之后，都曾听到过类似的说法，即中国人在英国备受歧视，尤其是白人。对此我一直将信将疑，我知道这样的歧视一定存在，但已经严重到那个程度了？

还没等我得出个结论，已经有英国本地的同学开始问我一个问题：为什么你们中国人只喜欢和中国人待在一起而不喜欢和我们交流？

这就有点意思了，国人觉得当地人在歧视他们，而英国人却开始问为什么中国人不喜欢和他们相处交流。

对这个问题也许每个在英国生活过的人都会有自己的答案，我的答案是：大家都别忙着下结论，有没有歧视，是不是不喜欢相处，得交流相处过了才知道。

在英国一定会有这样的人，白人有之，黑人有之，他们总会有一种莫名其妙的优越感，自视高人一等，虽然在言语中也是客客气气的，但你总觉得哪儿不对劲，总觉得哪儿不舒服。对于这些人我们敬而远之即可，甚至连“敬”都不用，远之即可。

可问题是他们能代表大多数人吗?

现在的留学生遇到的是怎样的状况我不知道，毕竟现在距我留学已经有十几年的时间了。但在那时，在各种聚会中见到的来自内地的同学不多。

原因可能是多方面的，也许是因为语言，因为沟通起来不如和国人那样顺畅，久了也就不愿意再给自己找罪受了。可问题是去英国留学的初衷之一不就是为了多掌握一门语言吗?来都来了，怎么能有了天然的好环境反而躲开了?

也许是因为习惯，毕竟国人的生活习惯和“洋人”有所不同，但这不也正是见识国际多样性的好机会么?

也许是因为经济方面的实际考虑，因为“洋人”动不动就要组织个Party(聚会)，要么就去酒吧，要么就出去吃个饭，要么就组织个球赛、看个电影或是去夜店跳个舞啥的，要么就组织集体出游，反正活动花样挺多，每一项都要花钱。对国人来说，在国内挣的是人民币，在英国花的可是英镑，十几比一的比例，花着心疼。不管有没有奖学金都一样，英国消费实在太贵，参加活动也太贵。这是个非常实在的问题，不是不想交流，而是碍于现实参加不了。但有时交流更在于一种心态，而不在于金钱，尽管那也很重要。

其实不管在哪儿，我们遇到的大多都是和你我一样的平头百姓，不是所有人都会处心积虑地天天惦记着要去歧视谁，更多情况下只是因为沟通不畅或交流不充分而引起的误会，因为没有足够的了解，才使得他们原先对一个群体先入为主形成的印象得到了加强而已。而一旦有了沟通以后，他们通常也会得出“原来中国人也很国际化，中国人和我们也一样”之类的结论。有的时候可能根本不是歧视，而是因为种种原因我们没有机会彼此交流，从而在事实上把我们自己与其他人隔离了而已。

当然这只是我的感受。

一定要去交流吗?我过自己的生活不行吗?有自己的圈子不行吗?

当然可以，凡事没有什么应该与不应该，只有不同的生活方式。

只是于我而言，交流与沟通是我的生活方式。

Party，酒吧

接下来说说课余生活的“丰富多彩”吧。

先是各种Party。

对老外来说（其实在英国我们才是老外），Party是件常事，三天两头地就组织一次，随便一找就是个理由，有时甚至不需要什么理由，反正想办就办了。群发一个邮件通知一声，大伙就来了，多是同学或是认识的朋友，再加上朋友的朋友，有时甚至根本都不认识，听到哪儿有动静就去了，闹哄哄地站那儿就开聊。

参加聚会当然不能空着手去，这一点和咱们的习惯差不多，去了总得带点东西，多数情况下带酒即可。当然也有混的，空着手就来了，反正人也多，谁也不会注意，再说这事全凭自觉，并不强求。

烧烤party后合影

所谓Party其实也没什么具体的节目，除非是有人过生日大伙儿会一起唱个歌吹个蜡烛什么的，其他的聚会就是大家聚在宿舍，站着边喝边聊而已，而且还得喊着点聊，因为通常音乐声放得都很响。跟这边聊得差不多了，举着瓶子晃悠到另一处，和另一拨人接着聊。

这种聚会方式和中国人习惯的方式有很大的不同，中国人聚会也是聊，但喜欢坐着聊，喜欢围着餐桌聊。有一次去一个宿舍参加一个聚会，其中一个室友是台湾人，最后聚在他房间的都是中国人，坐在椅子上床上或盘腿坐在地上的都有，反正是坐着，和屋外“站聊的”形成了强烈的反差。

我也组织过一次聚会，那是回国前一个月左右的事，由头就是我的生日。早早地就发了通知，告诉全班同学时间地点。参加了不少次聚会了，自己组织还是第一次，心里多少还有些担心，生怕到时候来的人不多。

经过一年的“培训”，可惜我对聚会的脉把得还是不准。在邮件里我说聚会将在晚上七点半左右开始，因为我觉得这个时间正合适，大家吃完晚饭溜溜达达地过来正好。结果到了时间来的多是平时一起玩的华人同学，“洋人”来得并不多，直到九点半左右才慢慢地开始上人。作为主人组织聚会，我还是要事先准备一些啤酒和小吃，就算是“启动酒”，来的人多了，带的酒也就够了。当然作为主人我还得来回穿梭，介绍这个，介绍那个。毛里求斯室友回宿舍晚了，一进屋发现一屋子的人，问怎么回事（之前其实已经打过招呼），我说是我的生日聚会，小伙子顺嘴一句“生日快乐”，然后说“人来得还挺多的嘛”。

哈哈，有面子。

参加聚会和自己组织聚会还真不是一回事。

既然是生日聚会，当然少不了生日蛋糕，在我故作毫不经意而又强烈的暗示下，来自新加坡的好友 KT“心甘情愿地”买了蛋糕，我自然还得故作意外状表示惊喜配合一下啦。

宿舍前草坪小憩

有的时候聚会是在宿舍或是宿舍门口的草地上举行的，有的时候干脆就都约在了酒吧或是餐厅，在餐厅聚餐还好，在酒吧其实还是个聊，只不过换了个地方，也没主人了，就是大伙儿自个儿买酒喝，或是转着圈我先给你买然后你再给我买。

英国的酒吧文化很有意思，和国内酒吧不同的是英国酒吧里鲜有歌手唱歌表演，多是大伙儿干喝干聊，最后喝得晕晕乎乎的回家了事。刚开始的时候还觉得新鲜，后来就觉得有些无趣了。不过诺丁汉有些酒吧挺有意思，比如有一家叫 Pitcher & Piano 的酒吧居然是由原先的一个有百年历史的教堂改成的，这让我们大吃一惊，酒吧和教堂这两处好似从来不会有交集的地方居然在这儿统一了。但也许正是这个矛盾统一体所体现的叛逆性让它名声大振，这儿的生意一直很好。它白天是酒吧，晚上就是夜店了，经常还得排队才能入内。

每次去酒吧或夜店都会发现不管天气有多冷，英国姑娘们都衣着“简单”，冻得直哆嗦也绝不添加衣物，看得我们都为她们觉得冷。据说有两种说法解释这一现象，一是本地姑娘觉得去酒吧就应该穿成这样，这叫 party dress（聚会服装），穿成别的样子就不对了；二是因为姑娘们进了酒吧或夜店都得喝点，而且通常最后都会喝高了，然后就会忘了自己的物件放哪儿了，甚至到第二天都想不起来。既然这样，干脆简单点，不带任何多余的冗物，喝得再醉，总能记得把自个儿带回家去。

英国人晚上好像并没太多去处，商店关得都很早，伦敦还有一些华人商店营业到很晚，但在像诺丁汉这样的小城市就不多了，更不用说 Beeston 这样的小镇了。

应该是某次小醺后

我们几个中国学生曾想找卡拉OK，遍寻不得，最后在 Beeston 的一家中餐馆里终于找到了，和老板商量了之后老板同意我们使用，尽管恨不得都是十年前的老歌了，大家还是唱得不亦乐乎。

去了几次本地酒吧后忽然联想起小时候村里的代销店，其实那就是一个小便利店，卖点日常用品，也卖酒。记得小时候外公经常去店里买酒，有的时候也不拿回家喝，就坐在店里，和村里人边喝边聊，小店俨然就成了村里的一个信息集散地和大家的聚会中心。这倒和英国的酒吧有异曲同工之妙，不知英国的酒吧传统是不是就是这么来的。

酒吧文化的影响如此巨大，以至于在校园内都有一个酒吧。校园酒吧的各种配置与校外的别无二致，只是打工的服务员都是本校同学，以本地人居多。酒吧说起来就是一个社交场所，在校内在校外都是如此。在北京时参加的各种使馆招待会说起来和酒吧没太大区别，只是更正式而已。

除了酒吧以外，我们还经常和同学们在外聚餐，很多时候都会选择中餐馆。

那时在英国的中餐馆多是粤式餐厅，这和历史有关，早年间去海外谋生的大多来自南方，他们带去的自然是南方的饮食习惯。

在教育部工作时有一次带代表团出访英国，特别想吃一碗汤面，结果走了几家中餐馆都被告知——我们这儿有汤，也有面，但没有汤面，让我们哭笑不得。南方人也是吃汤面的，看来是英国人没这个习惯，中餐馆也就不做了。

虽然中餐本地化痕迹太重，吃起来不是很地道，但多少还是家乡的口味，感觉很亲切。在诺丁汉最让我们意外的是我们居然还发现了一家提供地道中国广式点心的中餐馆，他们做的点心与国内的没什么区别，连同去的香港同学都频频点头表示赞许，于是一到周末没课的时候，我们几个就相约到这家中餐馆喝早茶。

去餐厅吃饭通常都是平摊费用，除非有谁明确说要请客。有一次同在一个讨论小组的一位英国同学特别认真地跟我和另一位来自法国的组员说要请我们吃饭，我们几个兴冲冲地去了，吃完了都等着这位英国仁兄结账，结果他死皮赖脸地说他早先是开玩笑的，任凭我和法国同学怎么挤兑，他死活就是不结账。最后没办法，还是我们几个分摊了事。

这事要在国内绝不可能发生，就算不是都抢着付，那位答应要请客的一定也会结账，绝不会生扛着赖账，那样太没面子了。

姑且将其归为文化差异吧。

看电影也是主要的休闲方式。离学校不远就有一家电影院，那是我第一次发现一家电影院还可以有这么多个放映厅，可以同时上映这么多部电影。后来回国慢慢发现国内的电影院线也逐渐改造成了同样的运营模式。和国内影院不同的是，诺丁汉这家影院不同放映厅都共享一个入口和出口，看完一场电影后有时趁工作人员不注意，同去的本地同学会带着我们溜进隔壁的放映厅蹭着看另一部电影。刚开始我们还不太敢，后来也就越做越坦然了，最多就是假装上个厕所，然后大摇大摆着走进另一个放映厅，等看完电影出来，面对工作人员狐疑的目光我们也假装视而不见。

原谅我们占点小便宜吧，我们还是学生！

回到北京以后就发现，小便宜占不了了，这个漏洞在放映厅设计建设时就已被堵上了，一头进，一头出。想蹭着看电影？没门！

出游

除了在诺丁汉的集体活动以外，我们还经常组织出外游玩。伦敦自不必说，经常去，有时到伦敦也没什么明确的目的地，就是因为铁路方面提供最便宜的火车票了，我们就干脆进城看看。伦敦是首都，在某种意义上来说也是唯一的国际性大都市，我们这些在“乡下”读书的当然想进城长长见识了。根据铁路方面的优惠政策，只要凑够四个人，出示学生证，每个人往返伦敦的火车票才 9 镑。到了伦敦要么看看博物馆，要么看一场音乐剧，选择很多，不管做什么都对得起这 9 镑的往返车票。

在著名风景区“湖区”

但 9 镑的往返车票也有一些附加条件，比如我们必须得坐某一时段的火车，过期作废。有一次我和几个同学在伦敦玩高兴了，结果忘了时间，等赶到车站的时候我们那班火车已经开走。如果临时买火车票，单程就要 30 多镑。几个人商量了一下，决定试试运气，先上火车再说。一是火车上不一定有查票的，二是就算有人查票可能也不会仔细看日期。

上了车不久就发现第一个愿望落空了：有人查票！只能指望第二个愿望能够实现了。查票员走到我们跟前的时候，我们特意把几张票合起来一起给他，他看了一眼票，停了一下，此时所有人都紧张了起来。只见查票员犹豫了一下，然后就在所有票上打了个孔，然后走向了下一个乘客。

我们都说他明显已经发现票已经过期，却仍是让我们过了。毕竟我们买过票，毕竟这趟车也不忙。

好人呐！

除了伦敦以外，我们还去过位于英格兰北部的著名旅游胜地湖区（Lake District）和南部的康沃尔（Cornwall）地区，每次都是十几人同时出行，都是自驾游。湖区风景秀美，令人流连。2003年我去英国看望还在英国学习的女朋友时还专程带她去湖区参观。有一天在湖区的某个小镇用完午餐后闲逛，走着走着就来到一家服装店门口，看到旁边还有一家自行车店，忽然觉得眼熟，再一看，原来当年和同学来湖区游玩的时候也到过这儿，还在这儿拍过一张照片，只是因为那次到达湖区时已是晚上，一时没分清方位才没认出来。

去了两次没认出来的自行车店

南部的康沃尔地区主要是沿海的风光了，来自不同国家的十几个人分乘几辆车南下，晓行夜宿，走到哪儿算哪儿，累了饿了就打尖住店，好不轻松惬意。

这一年还去了英国北部苏格兰地区，爱丁堡、苏格兰高地等处都留下了我们的足迹，本还有计划要去趟欧洲大陆或爱尔兰什么的，只是后来因为学业紧张，实在顾不上了才作罢。

英国南部康沃尔地区某港口小镇

终于提到学业了，如果再不说点学习上的事，大家还真以为这一年我就是玩去了。

莫急莫急，这就说。

学习

MBA 在其他国家通常都是两年的课程，在英国却多为一年。这和英国的教育体制有关，英国大学本科通常都是三年制的，研究生课程通常是一年制的，博士生最难，理论上说是三年制，但能三年就顺利拿下学位的实属凤毛麟角，通常得五年才能拿到学位，奋斗七八年才成功的故事也不是没听说过。

从实际的角度考虑，在英国学习，尤其是大学本科和研究生阶段可谓十分划算，在中国四年本科刚毕业，在英国已经可以拿到硕士学位了。

时间是短了，但要学的东西不会少，这也就意味着我们要在更短的时间内消化更多的知识，这种一年制设置的结果就是从头到尾课业都相当紧张。

一般的学科已是如此，更不用说是 MBA 了，而对从未接触过商科的我来说更是难上加难。

上课做 presentation

还好在语言上我不必太过纠结，在课堂上理解起来没太多问题，和老师同学的沟通也还算顺畅。但问题是自从上了大学以后我就没有接触过任何和数字有关的科目了，我学的都属于文科中的文科。MBA 课程中的很多科目是我从来没有接触过的，如财会学以及金融数量分析学等课程，很多专有名词我连听都没听过。

虽然平时参加不少活动，但在学习上我绝不敢掉以轻心，可一上来就遇到这么多从没学过的课程也让我很头疼，这么大的困难不是有个认真的态度就能轻易解决的。套用现在的一句话来形容，那时候真的是“亚（压）力山大”。

缺乏相关科目基础是我无法改变的现实，在学业上遇到困难我也不能一走了之（走了之后能去哪儿？回国吗?），唯一的选择就是面对现实，迎头而上。

上课时我一直坐在前排，生怕错过一个字。老师讲课过程中我有任何问题都会举手，这时候已经顾不得面子了，再不弄明白所学的课程恐怕毕业的时候真的拿不下学位，那时候丢的面子更大。有一次老师在上课时提到一个专有名词叫“优先股”（preference share），我发现我没明白，马上举手，“老师，什么叫优先股?”

老师愣了一下，“好问题!”然后着力解释了一下什么叫“优先股”。

这时听到旁边的一位同学嘟哝了一句，“怎么连优先股是什么都不知道。”

后来才明白，老师那是说反话呢，估计他也没有心理准备，怎么学 MBA 的会不知道“优先股”?

不好意思，我就是不明白。现在明白了。

还好不是所有的课程都不能理解，很多其他课程如组织行为学、运营管理学以及市场营销学等以前虽然接触不多，但平时爱看杂书和报纸的习惯这时候就发挥作用了，相关的案例看过不少，而且大多可以用常识（common sense）来理解，只是书上的分析更科学更有条理。这些课程不仅在理解上没有问题，小组讨论中我还可以积极参与提出我的看法与观点。

老师课堂上讲的只是一部分，课下自己要看的内容更多，每个星期少说也有几百页之多，如果没看完，下次上课的时候可能就接不上了。在那一年中我轻易不敢跷课，生怕错过一堂课回来就跟不上了。记忆中就跷过一次课，是那一年的春节，在曼彻斯特工作的教委的同事益群兄为了给我一点过节的感受特别邀请我上他家过年，内心挣扎了良久才决定放纵一次，去过了个年，但当天就急急地赶回了诺丁汉，因为英国不过春节，不放假，也不停课。

几百页的书，而且都是 16 开的大书，要都看完还真不是件易事。因为没有以前的学科基础，一下子找不到诀窍抓不住重点，只能用最笨的办法：全看，边看边画线，边看边做笔记总结重点，经过一个月的努力居然也慢慢适应下来了，只是每天都得看书看到晚上 11 点，每周也只敢拿出一天的时间休息一下。

后来听说这还算好的，还有比我更惨的，看书看到半夜两点还没看完。真是压力面前人人平等啊，只是压力的侧重各有不同而已。

后一学年来留学的新生中有我以前在教育部工作时认识的朋友，一开始也遇到了同样的问题，看书看不过来，就打国际长途向我取经，我就把我自己的学习经验和心得倾囊相授，她顿觉轻松不少。前一段时间又偶然见面的时候还特意提起当年的这个国际长途，据说自从打了那个电话之后她就找到了窍门，各门功课都应付自如，还取得了“优秀”级高分。

真希望我在的时候也能有人帮一把。

小组讨论和课堂陈述（presentation）是教学中常用的两个手段，老师经常会给我们下达任务，然后要求同学们按几人一组分成若干个小组，每个小组自己进行内部分工并就要完成的项目进行讨论，然后要么提交一份论文，要么在课堂上进行陈述并回答同学们提出的问题，老师则将根据各个成员是否都已积极参与、分工是否明确以及最后陈述的质量高低来评判大家的最后得分。

这样的设计一方面有助于促使来自不同国家的同学互相学习，另一方面也是未来工作状态的一个演练，毕竟团队协作完成工作是一个趋势。

小组讨论部分对我来说还好，毕竟工作了几年了，已经过了不好意思发言的阶段了，而且越到后来越发现，原来大家都差不多，可能大家的背景有所不同，专长有所差别，但从对事物的分析和见解上来说，大家谁也不比谁高明多少。因为大家来自不同的文化，因而看问题的角度会有所不同，有时难免会有些争执，但这也正好成了大家互相启发互相学习的良机。

商学院门口

发言了，参与了，最后你的观点没被采纳，大家还是会认为你对小组完成作业做出了贡献。大家最不欢迎的人是那些“打酱油的”，开会讨论时没有参与，最后完成的作业却算他一份，相当于大家帮他完成了作业。

一开始我比较担心的是陈述部分，毕竟以前在国内上大学的时候这样的方式并不多见。我担心如果没有写好完整的讲稿而光凭写在卡片上的关键词是不是可以完成整个陈述，担心在陈述之后同学们的提问会不会太难回答。没想到一做起来以后发现事情并没有想象中的那么糟，我的表现还可以，不仅从语言的角度完成陈述没有问题，我还可以在陈述的过程中抖点小包袱，展现一下中式幽默。后来有一次和同学说起我在一开始的担心时，他们还瞪大眼睛表示惊讶：开什么玩笑，你怎么可能会做不好陈述。

很多困难初时看起来会很难，但很多时候给我们带来困扰的是我们内心对困难的惧怕，而不是困难本身。一旦决定迎头而上直面挑战，那些困难可能也就不再显得那么可怕了。

不过对困难有一份敬畏也是好事，这可以提醒我们不能掉以轻心，有准备总比没有准备好。

有一次上课老师要求我们以辩论的方式完成任务，即两个组分别代表正方和反方就话题进行辩论，每个组员都要参与，老师根据辩论过程中每个组员的表现打分。我所在的组和即将要一起辩论的另一组课后马上开了一个小会，明确辩论不是主要目标，谁输谁赢也不重要，重要的是我们要呈现一个“激烈”的辩论过程，展现不同的观点，并确保每个人都有表现机会。两个组很快达成共识，并进行了分工，谁先说，谁后说，而且分别说什么都是两个组一起讨论决定的。从辩论的角度来说这更像是一次“作弊”，但辩论本来就不是重点，重点是我们进行了讨论，交换了观点。

由于两个组一边四个人一边五个人，人数不平衡，多出了一个，于是我自告奋勇充当辩论会主席，负责控制辩论节奏。正式辩论那天，整个过程进展得相当顺利，一番“唇枪舌剑”之后，我这个“主席”宣布辩论结束并总结陈词。最后大家得分都不错，皆大欢喜。

现在回头来看，那时候做的工作就很有点主持人的意思，只是那时候真的没想后来会做主持人。

时间就在这一次次的陈述和一篇篇论文中过去了，马上就该写论文了。

在诺丁汉的一年被分成三个学期，前两个学期上课，第三个学期完成论文。

和导师商量了一番之后，我决定论文还是回到我相对比较熟悉的领域：教育。那年国内高校正在扩招，高等教育领域的变化已在发生，而大家仍在争论大学到底应该坚持宽进严出还是严进严出。应该有的可写，就看我能不能从一个新角度来看待问题。

论文的写作按部就班地进行着，那时候互联网已经流行，上网也算方便，很多资料都可以在网上找到，不用一个个地跑图书馆了。

不太适应的倒是生活节奏。原先很有规律上学放学的生活突然一下就来了个休止符，又得重新安排。一方面觉得时间很富余，另一方面又怕一天天时间混过去了论文还没做完，这样到时候拿不下学位问题就大了。

好在这样的情况并没有发生，论文写得还比较顺利。大部分时间我都把自己圈在房间里打字，有的时候去图书馆查查资料，累了就和 KT 相约去 Beeston 喝杯咖啡，但也不敢久坐，生怕赶不上进度。

写完的初稿拿给几位老师看了看，大家反映都比较不错，心里踏实多了。

最后花了几十镑将论文打印出来并按学校要求的方式装订成册，提交。

《论中国高等教育中供与需的关系》最后得分：优秀。

爵士校长显然也看了我的论文，他的评价也相当高，后来来华访问的时候还向同行的其他大学校长推荐。有一次卡迪夫大学校长专门提出能不能复印一份我的论文留用并称愿意支付费用。这让我颇感意外，没想到我的论文还能引起这么大的反响，开心之余自然不会想着还要收费了。

回国一个月后，我的导师发来邮件问我要不要和她联合发表一篇文章，只要把论文的主要观点摘出来再重新组织一下就可以了。听朋友说在英国发表学术文章不易，要抓住这个机会。于是我非常认真地回信问我要重点关注哪部分，结果导师再也没回信，我也就错失了一次（也是唯一一次）在英国学术刊物上发表论文的机会了。

以一个从未接触过商业的背景开始攻读 MBA 学位，我最终顺利通过了考核，拿下了学位，对这一点我颇为得意。尽管后来我还是没有从事商业，但在这一年中所得到的思维方式的训练和梳理对我后来的工作也是裨益良多。

中华情

以前带代表团在外访问的时候，才吃了几天面包大家就开始想念米饭了，大家开玩笑说中国人的胃没办法，吃不了面包，只能吃米饭。有一次在意大利，看见一家旅店招揽中国游客的办法就是在门口挂出一块牌子，上书：早餐供应稀饭榨菜！

除了米饭需求外，中国人还有对精神食粮的需求。

那时候的互联网还不像现在这样发达，在电脑上打中文都还没有十分理想的解决方案，更不用说网上的中文资源了。那时候四通利方刚改名新浪不久，搜狐也只是个刚出生的孩子。

在外久了就会想念任何有关中国的事物。

几年后到了中央电视台做主持人，有机会去海外主持晚会，看见海外华人眼中都充满了期待，而我们在台上的任何一个小小的动作都会引起现场观众强烈的共鸣。这不是因为我们主持或表演水平因为来到海外而突然得到了提高，而是源于海外华人的那种强烈的归属感和对祖国文化的渴望，他们对台上的每个细节都不会错过，他们聚精会神，全情关注。因为对他们来说，这样的机会太少，看见来自国内的演员的表演就会让他们想起他们在国内的时光。从某种意义上来说，是他们的思乡之情以及他们对中华文化的期待促成了我们在海外演出的成功。

这种渴望我很熟悉。

在英国几个月后，这种渴望越来越强烈。

在驻英使馆教育处的同事帮我订了份《人民日报》（海外版）。说句实话，在

过年聚餐

国内很少看《人民日报》，觉得上面的信息不是我想要的。现在不一样了，能看见中文就好。我简直从来没有如此认真地看过一份报纸，舍不得跳行看，恨不得每个字都看两遍。有时候《人民日报》（海外版）看完了，新的还没寄到，我还会去图书馆看香港或台湾的报纸，或是海外的华文报纸。不管是哪儿的，能看到中文就好。

宿舍里没有电视，有电视也看不到汉语节目，而那时候在网上能看到的视频本就不多，更不用说汉语视频了。记得当时能找到的只有《实话实说》和《新闻联播》。《实话实说》刚开播不久，正是火的时候，但是个周播节目，看完一期就得等一段时间。另外还有《新闻联播》，不好意思，这在国内的时候也很少看，但现在是在英国，感觉就不一样了，看着很亲切，几乎每天都看。

在收音机里听多了英语歌，就很想听中文歌。同样的，网上的资源不多，想听中文只能托人从国内带。赶上正好有朋友回国，会特意嘱咐帮我带两盘磁带回来，而且特别说明一定要拼盘的，不要只是一个歌手的。拿到手后迫不及待地把磁带放进播放器，当久违的中文歌声传出来的时候，一种强烈的亲切感涌上心头。

当时网上直播的广播节目也不多，一直就没有找到国内的电台，后来找到的是新加坡的两个频道：醉心频道和最爱频道。虽说不一样吧，但好歹是中文的。

要特别感谢的是当时驻曼彻斯特教育组的益群兄，除夕那天特意邀请我去他家过节看春晚。英国不过春节，不放假也不停课，去过节就意味着要旷一天课，而当时课业正紧张，拉下了一天的课要赶起来可能就很费劲，犹豫了半天，终究还是拧不过过节的诱惑，那天一早就坐火车直奔曼城而去了。

在学校，除夕那天只是一个普通的星期一而已，到了益群家即刻就感到了节日的气氛。除了家人，益群兄还特意邀请了几个同在曼城的朋友一起来过节。大家一起忙着准备团圆饭：火锅。底料都是特意从国内带来的，吃得香，聊得更欢。席间益群兄说了句话：以前我在英国读书的时候是当时的前辈照顾我，现在你们读书了就轮到我们来照顾了。

一股暖流涌上心头。

在学校时和同学相处得也都不错，生活学习安排得也很充实，但总觉得缺点什么。

缺的可能就是文化的归属感以及和亲人朋友相处时的亲切感。

团圆饭之后是春晚。由于时差的关系，春晚直播时正好是当地时间中午 12 点。一干人围坐在电视机前，边看边聊，就像在国内和家人同看春晚一样。在国内看春晚只是除夕晚上活动的众多选择之一，而在海外对很多人来说，没有之一，那个时候就看春晚。不为别的，就为那一份亲切感。

那一天过节算是在紧张的学习期间给自己放个小假，但也只能是小假。当天晚上我又赶火车回到诺丁汉，那天落下的课还得自己补上。

诺丁汉大学

得说说和诺丁汉的关系了。

爵爷校长最初邀请我来诺丁汉的本意是希望我能帮助学校与中国高校开展合作，但具体需要我做些什么似乎一直没有谈及。

到了学校以后，我的身份已经从原来老爷子最早设想的在诺丁汉大学工作并在业余时间攻读学位转变成了一个全职学生，在课余帮助学校工作。既然主要身份是学生，学校也就没有给我安排太具体的工作，但仍会经常邀请我参加一些会议和活动，有时是讨论学校与中国有关的项目，有时是出席专门为所有华人学生举办的活动并发言，有时是希望我帮助联系国内相关机构，有时是希望我参与接待来访的中国代表团。虽说没有明确的职位，断断续续地我也参与了不少的工作，有一次还接待了一位在国内就认识的同事，她见到我之后大感诧异。

有一次接到学校通知，让我和校长一起去看一场板球比赛，刚开始还以为是什么特别的任务，到了之后才明白，原来这就是校长邀请我去体验一下英国人怎么过周末。校长很热情，专门给我介绍板球是怎么回事，说通常正式比赛会长达三天，这一次算是短的，就一天，分上午场和下午场，并说在英国学习不能只盯着课本，还要抓住机会了解文化了解生活。

说得我这一阵感动。

爵爷校长还特别安排他女儿陪我说话，可能他觉得我们两个年纪相仿，他闺女比我小不了几岁，应该可以找到很多共同语言。

可难为这姑娘了。

哪儿找那么多共同语言去啊，以前在教委接待的都是教育代表团，成员年纪都不小，而且一个是接待方一个是被接待方，要说什么要做什么各自都很清楚。在学校倒都是年纪相仿的同学，但那是和同学，大家都比较熟悉，聊起来也还比较顺畅。这次倒好，两个人本来就是第一次见面，还不熟呢，搞得跟相亲似的，想聊天都不知道从哪儿开始。

对姑娘来说，这可是老爷子下的任务，她得完成任务。对我来说，这是人家爵爷校长的一片热情，我得配合。

结果在比赛开始之前，我们俩开始绕着场地转圈，然后各自拼命找话题，好不容易聊到转完一圈回到休息室，姑娘算是把我又交回给她老爹了，找了个借口赶紧开溜，就差跑着走了。她这一走，我也长吁了一口气，好歹休息一下，不用再找话题往下聊了。

那一天过得还是相当充实的，看了比赛，也感受了一天英国中产阶级的生活。

奇怪的是在诺丁汉大学留学那一年期间以及毕业以后，我都一直没有和校长聊过为什么当时会请我去诺丁汉，以及对我这一年中的表现是否满意之类的话题。但是日后我回到教育部工作，直到后来转行到中央电视台工作以后，老爷子再来北京的时候，还会专门约着一起见面吃饭。

就当是老爷子还算满意当时的决定吧。

也许对校长来说，邀请我只是他一个不经意的决定。把邀请给我还是给另外一个人对他来说是个无足轻重的决定，但对我来说，校长绝对算得上是我求学路上的一个贵人，甚至对未来的职业发展都起到了重要作用。为此，我得感谢校长，如果套用小品的台词，我得说“我感谢你八辈……”，算了，真那么说还是不雅，还是真心说句：谢谢啊！

缘分啊！

离开

论文写完了，一年的留学时间也差不多该到了。一直觉得一年的留学时间太短，三年太长，两年应该刚刚好。

论文交上去的那一天，忽然感到无所事事，我又一次不知道怎么安排时间了。

当然毕业前的规定动作还是要去完成的，毕业大联欢，毕业照，散伙饭。等规定动作做完了，接下来的自选动作就是什么时候离校了。

之前同学们已经纷纷在找工作，来自上海的James找到了一份在瑞士的工作，在英国的香港人Bric找到了一份在投行的工作，地点在伦敦。其他人有的决定也去伦敦试试运气，有的决定继续读书，有的决定回国。

我也试着投了几份简历，但没怎么上心。和在公司工作过的其他同学不同，我不可能找个投行或咨询公司的工作，没做过，也不会做。到底什么行业最适合，到底什么职位最有可能，我自己心里也不是很有把握。尽管那时候MBA仍算热门专业，但盲目迷信般的热情已经逐渐消退，就算是MBA也不能保证一定

毕业 party

能找到一份理想的工作。

倒是有过一家在国内运营的国际学校主动找过我并表示希望我上他们那儿工作，提供的待遇虽距理想状态还有一段距离，但也还算不错，可我最终还是选择放弃，因为对这份工作始终没有太大的热情，也无法确定这样的工作是不是符合我对未来的期望。我不是个很会冒险的人，在自己都不能把握的时候，我会选择不去招惹风险。

也没有问过爵爷校长是不是可能让我留校工作，因为内心隐隐觉得还是应该回国寻找机会，尽管我也不知道国内的机会会在哪儿。

还是那个原则，在我自己都无法把握的时候，我选择以最安全的方式继续前进，等到条件成熟的时候再做定夺。

最安全的方式就是继续回教育部工作，尽管当时从部里离开时可以作为被分流人员而出国留学，但回去工作应该不是什么问题，而且这时候我也已经收到处长的邮件，询问我什么时候回国。

有意思的是回教育部工作后不久，我又带代表团访英，诺丁汉大学是其中的一站，而接待我们的正好有我们的授课老师还有教务长，期间两人都对我大加赞赏，一个说在过去的一年中季先生对我们帮助极大，另一位说本来我们想请季先

毕业前众男丁合影

生留校工作的，但他说一定要回国才作罢。感觉很有面子的同时我也一愣，什么时候说过要我留校的事了？

看来面子的事大家都会，反正是客气话，你且说着，我且听着。

再怎么不舍，离开的时候也到了。再过两天新生就要来了，必须要走了。

走的那天租了个车，装上行李，请 KT 帮我开到伦敦。

诺丁汉，我走了；Beeston，再见！

挥一挥衣袖，我带走了一整年的记忆。

后记

从诺丁汉大学毕业回国已经有十几年了，那一年的记忆却依然鲜活。这次为了写这篇文章，几天来一直在电脑前端坐，那一年的一幅幅画面不断地在眼前闪现，就好像又一次重温留学经历。有一次去电台做客，我的任务是向观众推荐歌曲，我努力想找到的一首歌就是当年在英国留学时的排行榜歌曲。不是因为这首歌曲旋律如何优美，歌词如何富有哲理，只是那一年听电台播了无数遍，这首歌已经深深地印在脑海里，成了我留学记忆的一部分了。

可惜那天死活哼不准旋律，主持人也就无能为力，不能帮我找到那首歌了。

听说在英国留过学的人都有英国情结，很多留英回国的朋友还给自己归了类，自称“留英派”。叫什么固然不重要，但那份情结我相信一定在，因为那代表了一段你生命中最为宝贵的时光。

2003 年去看望还在卡迪夫大学攻读硕士学位的 Lily 的时候再回英国，两人自驾畅游英国的时候我还特意带她去了趟诺丁汉，一方面是想让她看看当年我曾经“战斗”过的地方，另一方面其实是我自己也想再回去看看。

重回诺丁汉母校，原宿舍前。
右上方窗户为我当时的小屋窗户。

到了学校把车停好后，我就带着 Lily 一起重走了一遍当年的上学路，带着她去主楼看我们上课的教室，去人工湖看天鹅，去 Broadgate 找原来的那间宿舍，去 Beeston 看那家我常去的印度人开的小商店。当我站在宿舍前草坪上的时候，感觉留学就像过发生在昨天一样，恋恋不舍中离开诺丁汉的时候天都已经快黑了。

去英国留学前心中关于外国人和中国人到底有么不同的问题也找到了答案，其实外国人（至少我接触到的外国人）和中国人并没有太大的差别，不管来自哪个国家，来自哪种文化，我们的基本价值观、好恶观没有太大的差别，你痛恨的一定不会是他们拥抱的，他们所不能容忍的也一定是你无法接受的。我们的差别更多在于表达方式的不同，表达习惯的差异。我们要做的是在沟通和交流中去了解这样的差异，并尊重彼此的不同。

既然这样，无论在哪儿，我们都应该以一种平视的眼光看待世界，只有平视才能做到平静，只有平视才能充分表达和沟通。

留学拿学位对于我们来说固然重要，但更重要的是这是一个开眼界看世界的过程，鱼和熊掌兼得才是上上之选。

有机会就出去走走吧，挺好的。

老友记

《老友记》是我和 Lily 都喜欢看的美剧，语言简单，剧情轻松，算起来断断续续竟看了有三四遍之多，一度成为睡前必看之剧。我们显然不是唯一喜欢该剧的人，和朋友聊天每每谈起《老友记》时，大家对其中标志性的台词都可以脱口而出，其受欢迎程度丝毫不逊于现在的《生活大爆炸》，而且像《老友记》这样故事相对独立的剧集看起来还可以做到收放自如，不必看完一集非要看下一集，否则就坐立不安浑身不自在。

现在《老友记》已成经典，其大结局也早已于数年前播放完毕。据说之所以要给这么一部备受欢迎的剧集画上句号是因为制作方已经付不起早就成名成腕的六位主人公狂涨不已的薪酬，所以尽管不舍，尽管收视率仍然极高，和钱袋子比起来，制作方也不得不忍痛割爱，说到底这是生意。

但对观众来说这不是生意，观众也不管背后的原因，观众只是不希望看到他们喜欢的六位主人公非“走”不可，因为这六位虚拟的“老友”甚至已经成了他们生活中的老友，他们似乎不仅存在于屏幕中，而是几乎就生活在他们中间。其实观众当然知道那些场景都是“演”出来的，但他们也知道存在于电视中六人之间的真挚朋友之情在生活中也是有的。

虚拟的朋友总是要走的，但真实生活中的朋友却会一直都在，说起来这一阵还真的见到了一堆老友。最为难得的是 Michelle。Michelle 是我在英国读书时的同学，来自台湾，现在在香港工作，毕业以后就没见过，算起来也有十多年了。当时在英国的中国留学生还不像现在这样呈燎原之势，人数并不多，而除了来自内地的同学以外，还有来自香港、台湾以及新加坡等地区的同学。大家都是黑头发黄皮肤，说的都是汉语，吃的都是中餐，自然倍感亲切，走得很近，关系融洽。

学习 MBA 的学生都是要求有工作经验的，因此大部分同学都是离开校园后再次回到校园当学生的，在重拾学生感觉的同时也对难得的校园生活倍加珍惜。在紧张的学习之余，我们也经常组织些集体活动，如一起做顿中餐、一起看场电影或一起去酒吧坐坐什么的，以至于毕业多年以后大家在群发邮件里说起留学生活时就想起一起开 Party 的日子。可好日子总是过得很快，我们的课程学制一年，毕业的时间到了，大家也就要各奔东西、各奔前程了。走的那天天气不错，阳光明媚。倒也没有看到大家哭天抹泪，只是轻轻地互道珍重，然后挥手道别，而眼神里挂满种种不舍。

有伟人说过，大家来自五湖四海，是为了一个共同的目标才聚在一起的。佛家说这是几世修来的缘分，此言不假。

临走时有人笑道我们会不会就此永别了。永别虽不至于，但见面不易倒是真的。

还好有现代技术可以拉近我们的时空距离，每到过节时分，总会有同学早早地先发出一个问候邮件，而且是群发，随后收到信的同学回发邮件，也是群发，于是在虚拟的世界里大家的问候满天飞舞，倒也是一道风景。最后问起来说是谁先发起这个运动的，却谁也想不起来了，当然这已经不重要了，重要的是看到大家对当年的记忆还在飞舞。

十年见一面自然是难得至极，狂聊一通也是在所难免，十年了，大家都有了更多的故事，聊完笑完后，仿佛又回到了当年众人把酒高歌、意气风发之时。

这样的情景好像有点眼熟，每次遇到多年未见的朋友时总能让我们不时回放以前的故事。

故谓之老友记。

诺丁汉大学主楼，前面即人工湖。主楼上的钟楼和人工湖已经成为诺丁汉大学的标志。

校园一角，就是用傻瓜相机拍的，绝无修饰

▶毕业照

难忘今宵　难忘奥运

担任奥运会开幕式英文司仪是我觉得非常自豪的一次经历，在中国举办的第一届奥运会上，我能有此机会出任此职是我莫大的荣幸。

如此近距离地接触奥运会，这可能是很多人人生中的第一次，也可能是最后一次机会能够用如此特殊的方式参与奥运。

我与奥运有个约会

接到周涛电话的时候已是 2008 年 7 月底了，距奥运开幕也就只有十天的时间了。

当时正在准备当天的 *Culture Express*（《文化快报》），正化着妆，刚化了一半，电话响了。周涛在电话里说，奥运会开幕式司仪的英文部分准备请你来试试，如果效果好的话可能就由你来出任司仪。

放下电话愣了半天，差点误了当天的节目。

太不可思议了，怎么都觉得不像是真的。

2007 年上海特奥会开幕式

不是没有想过在奥运会开幕式做英文司仪，真的想过，自从前一年在上海特奥会开幕式出任英文司仪以来，就一直畅想着第二年的奥运会。中国人百年奥运梦想得以实现，奥运会来到家门口了，如果能在这样一届对中国人别具意义的奥运会上出任开幕式英文司仪，那就太……太……我已经找不到一个词来形容了，如果这真的能发生，那不仅是梦想成真，它更是我莫大的荣幸。

说起来我也有充分的理由作这样的“妄想”，上海特奥会上我已经出任过英文司仪了，那也是一届国际盛会，也是全球直播，也有领导人出席，也是现场数万名的观众，反正奥运会开幕式可能带来的压力和挑战我在特奥会的开幕式上都已经领教过了。最关键的是，我在特奥会开幕式中的司仪工作得到了大家的认可。

换句话说，从大型运动会开幕式司仪工作角度来考虑，我是“有经验”的！

经验很重要！

似乎有足够的理由期待有一天我会接到奥组委或是台里的电话，通知我去开幕式任司仪。

但所有的理由和分析都只是我自己的猜测而已，只能算作我的主观期待。在那天的那个电话之前，没有任何迹象表明我会和这次奥运会的开幕式产生任何联系。

事实上关于司仪事宜我什么消息都没有听说。

这太正常不过了，作为一个平头百姓，如果媒体没有报道，我上哪儿去听去？

我能做什么吗？为了我的奥运梦想？

我什么都做不了，唯一能做的就是心里怀着一份可能永远不会实现的期待，而且尽可能地不去做过多畅想，因为希望越大，失望就越大，如果只是一个小期待，最终我只要去对付一个小失望就好了。

但我还是忍不住向大家说出了我的期待。在奥运前几个月中央电视台体育频道所做的一系列奥运节目中，有一个节目叫“谁将主持北京奥运?”，我是其中一期节目的嘉宾。当主持人问我如果有机会主持北京奥运会的话，我希望主持什么时，几乎不假思索地，我说我希望能当开幕式的英文司仪。主持人倒是没有表现出太多的惊讶，一方面我说出了貌似十分充分的理由，另一方面这本来就是一个大家说出自己梦想的机会，纯粹务虚。成功了就叫梦想成真，没成功就是梦醒时分罢了。

节目中我开玩笑说希望奥组委的人也在看这期节目，因为这样他们就可以发现我了。

但我也就这么一说，我很清楚这只是一期节目，它不可能帮助我梦想成真。

我也不可能直接给奥组委打电话毛遂自荐说我觉得我行，说好听点这叫勇敢往前闯，说不好听的那叫无组织无纪律。如此重大的活动，其每个环节奥组委都应该已经考虑到了，如果没有找我，那一定是他们已经找到了更合适的人选了。

再说了，我也就是自己觉得行，导演组是不是认可就两说了。

尽管内心的小期待还在，但天平已经渐渐滑向小失望，离开幕式越来越近了，奇迹不可能出现了。

不再抱希望内心倒平复了许多，我开始琢磨怎么看比赛了，直到那天晚上接到电话。

本来已经平静的水面顿时激起一片浪花。

那时候周涛已经从央视借调到奥组委，这次是奥组委根据她的推荐并通过她联系到我。

电话里周涛说接下来的安排是 7 月 30 号先到鸟巢观摩现在的司仪是怎么工作的，接下来在 8 月 2 号第一次试播音，如果能通过的话 5 号再彩排一次，8 月 8 号就是正日子了。

不知道发生了什么，也不想知道到底发生了什么，反正我一直在期盼的电话终于来了！好事！

奥运会，开幕式，全球直播，四十亿人，现场十万观众，多国首脑……一个个关键词开始闪现，每个关键词都意味着巨大的压力。

已经来不及体味压力了，当务之急是要通过 8 月 2 号的试播音，否则想要有压力都没机会。

先到奥运村拿开幕式的播音稿，熟悉流程和播音内容。留给我的时间本来就不多，29 号我还要出差，30 号下午才能回来。

回北京的时候已经下午，拖着箱子由机场直奔鸟巢，进场的时候正好看见总导演张艺谋也正在接受安检。

一同前往鸟巢的还有备选中文司仪和法语司仪的两位台里的同事，和我一样，她们也是临时接到的通知。

来到位于鸟巢上方的播音间，我们见到了早已就位的中英法三位司仪，听他们说已经排练了很长时间了，以前都是在排练场练习，进鸟巢彩排的时间也不长。

想必是奥组委为了保险才又找了我们这一组人，万一有个意外也好有个备份。毕竟是一次承载了太多中国人梦想的奥运会，哪个环节都容不得有任何闪失。

看了一下环境，播音台的设置与我在上海特奥会看见的差不多，播音间是用玻璃隔开的，这样可以避免播音员受到外界声音的干扰。从播音台可以直接看到体育场内，虽然不能直接听到现场声，但能直接看到体育场内的表演也将有助于播音员调整情绪以契合当时的环境。

他们三个司仪在播音的时候我们就站在后面看着，我甚至开始想象如果是我坐在那儿会用什么样的方式来处理同一句话。

因为没有运动员走台，彩排进展得要比实际快很多，差不多两个多小时就结束了。

下一次彩排是三天后的 8 月 2 号，那也就是我们“考试”的日子，如果通过，梦想成真，没过，梦醒时分。

这三天也没什么太多可做的，电视台的本职工作还得继续，我在奥运村为每个代表团举行的入村仪式的司仪还得接着做。关于开幕式能做的无非是多看几遍稿子，再在脑子里虚拟感受一下现场的气氛，试着找找播音时的状态。

三天的时间过得很快，马上就到了 8 月 2 号，该我们试播音了。

直到这个时候，我都不敢让自己有太多的期待。尽管已经奇迹般地到了这一步，万一最后还是没成，失望会比原来更大。

内心没有波澜是不可能的，我只能尽量保持平静。

我们三个备选司仪进入播音间的时候，不约而同地激灵了下，感觉屋里的温度要比上次来时低很多。原来我们和隔壁屋共享一个空调，室内机就骑着放在两间屋子中间的隔墙上，正好那边有人觉得热，于是就把空调温度调得很低。尽管我们反映后把温度又调高了几度，我们还是觉得手都被冻木了，脸也有点僵了。

赶紧擦了擦脸，活动活动口腔，坐上播音台，戴上耳机，准备播音。

一直梦想的时刻终于到来，我终于坐在奥运会开幕式司仪的播音台上了，这个位置能不能坐稳就看今天了，成败在此一举！

同样是带妆彩排，同样没有运动员参加，两个多小时以后，彩排结束。

温度一直很低，直到最后脸部肌肉还是有点木，多少会影响到一些声音状态。

能做的该做的都已经做完，过几天能不能再回到这个位置就只好听天由命了。

如果一直没有我的事，如果没有那个电话，此刻我也就踏踏实实地该做什么做什么去了。而如今已经有了一次试播音，已经让我感觉梦想中司仪的位置离我如此之近，好像我一伸手就能抓住这个难得的机会。然而在消息得到确认以前，那个机会可能就是水中月，离你很近，又很遥远，不敢伸手，生怕一伸手它就会消失。

让我完全保持平静已经几乎不可能了。

8 月 3 日，试播音后第一天，没消息。

应该没那么快吧。领导们可能还在讨论。

8 月 4 日上午，第二天了，还是没消息。

难道？有时没消息就是没有消息了，出局了。

想打又不敢打电话，就算是水中月，让它多停留一会儿也是好的。

8 月 4 日下午，我和太太去逛商场，眼睛里看着琳琅满目的商品，却仿佛什么都没看见，满脑子想的都是我到底过没过。

实在忍不住了，到底是真月亮还是水中月，还是碰一下试试吧。

我给周涛发了个短信，问她有消息了没有。过不久，周涛回了条短信：你踏实等着吧。

这是什么意思？是她也不知道结果？是还没有结果？还是有结果了还没有到通知我的时候？

又给奥组委负责司仪的联络员娅鸥发了个短信，问她有结果了没有。

很长时间没收到短信。

到底怎么样了？死也让我死个痛快啊！

还好，那天下午，娅鸥的电话来了，说：定你了！

真的！？定我了！？

尽管这是我一直在盼望的消息，但当消息真的到来的时候，我还是有点不太敢相信。

娅鸥在电话里又确认了一番，并说中文和法语的司仪还是用原来定的人，分别是来自体育频道的尤宁和来自国际广播电台的台学青，而和我一起去试播音的两位同事这次没有过关。可能很大程度上是因为那天的空调影响了她们的声音状态。

为原来的英文司仪感到遗憾，为和我同去的两位同事感到遗憾。

究竟为什么会有这么一个临时的选拔我并不清楚，想必是导演组在寻找一种与开幕式现场气氛更契合的状态，想必是他们在我的播报中找到了这种状态。这一切对我来说都已经不重要了，我也已经无暇顾及原因了，我只是为自己感到庆幸和骄傲。

2008 年北京奥运会，中国举办的第一届奥运会，举世瞩目的一届奥运会，我，是开幕式英文司仪！

到这个时候我还有点不太敢相信，居然真的梦想成真了。

兴奋归兴奋，我还是没敢太大张旗鼓地把这个消息传播出去。

要淡定，要淡定。

当然这么大的消息不跟人分享是不可能的，我马上打电话告诉家人，我要上奥运了。和同事朋友们吃饭的时候，故作不经意地和他们透露了这个好消息，朋友们纷纷表示祝贺。在 Facebook 上发了条消息告诉了线上的几个海外的同学，他们也纷纷表示祝贺。

好了，消息发布至此为止。

要低调，要低调。

8 月 5 日，奥运开幕前最后一次正式彩排。

那天的彩排前面一切进展顺利，没想到在仪式后表演部分出现重大失误。

仪式后表演是指开幕式正式仪式结束后的表演，主要是为现场观众，电视上并不直播。相信如此盛大的开幕式结束后大家都意犹未尽，因此现场表演继续，当然这样的安排也有助于离场秩序的维持。

表演嘉宾中有来自内地的曾格格和冯晓泉夫妇。

按照流程，每一组嘉宾表演之前我们三位司仪分别用法、英、中三种语言播报。

先是法语，播报完毕。

然后是我：

——Ladies and gentlemen，please enjoy the song“You are No. one”，brought to you by Feng Xiaogang and Zeng Gege.

后面是中文。

尤宁的中文还没有说完，就感觉后面有人捅了我一下。我回头，还在纳闷为什么捅我。

“你说错了，你把冯晓泉说成冯小刚了!”旁边人提醒我。

我眼睛直勾勾地看着他们，一脸茫然，脑子一片空白，刚才到底说了什么根本就没有记忆，但仿佛听见了现场还在退场的数万人的笑声。

浑身直冒冷汗，这万一是那天的直播……

!!!

刚才明显是注意力不够集中。

尽管这是在仪式后表演部分的内容，电视上并不直播，但理论上不能排除在前面部分也会犯同样的低级错误的可能性，如果我注意力不够集中的话!

又是一身冷汗。

所有的环节都只有一次机会，任何错误都没有挽回的余地。对于司仪工作的重要性和挑战性我已经有充分的思想准备，没想到还是疏忽了。

有一个同事当天晚上发了一条短信给我：“刚才说冯小刚的是你吗？实在太搞笑了，一定要确认一下。”

真是哪壶不开提哪壶。

郁闷了半天，打开播音稿又看了几遍，并且在上面标上记号，提醒自己要从容，要慢。当然冯晓泉的名字上特意多划了几道。

从某种意义上来说，这次失误也是一件“好事”，它提醒我任何时候都不能放松，一定要全神贯注，有始有终。

根据工作安排，那天正式彩排后整个团队又进行了一次“桌面”程序彩排，接下来的两天，团队又进行了数次程序彩排，我特别注意不要再犯同样的错误。

一切准备就绪，然后静候那一刻的到来。

开幕式开始前，台学青（法语）、我（英语）、尤宁（中文）三位司仪和联络员娅鸥

8 月 8 日，为了避开安检高峰，下午一点钟的时候，我们三位司仪已经全部在播音间小房子就位。

不时打开播音稿看看，再次熟悉内容。不想在任何环节再出现任何差池。

17 点 45 分，奥运会开幕式仪式前表演开始。

越是临近正式开幕时间越紧张，手心里都是汗。

20 点 08 分。

——Mesdames et Messieurs, le President de la République populaire de Chine, Hu Jintao, et le President du Comité International Olympique, Jacques Rogge.

——Ladies and gentlemen, the President of the People's Republic of China, Hu Jintao, and the President of the International Olympic Committee, Jacques Rogge.

——女士们，先生们，欢迎中华人民共和国主席胡锦涛先生，国际奥林匹克委员会主席雅克·罗格先生。

北京奥运会开幕式开始了！

与奥组委运动员部部长、诺丁汉大学校友邓亚萍

与运动员

▶与法语主持人宋嘉宁一起主持奥运代表团入村仪式

后记

担任奥运会开幕式英文司仪是我觉得非常自豪的一次经历，在中国举办的第一届奥运会上，我能有机会出任此职是我莫大的荣幸。

奥运会之后有朋友为我们几个司仪感到不平，说他觉得我们做得挺好的，但为什么不见媒体报道。他还特意就此问了他的记者朋友，记者回答说，为什么要报？他们又没犯什么错。

谢天谢地，要是犯错才是新闻，我们还是不要的好。

No news is good news.

现在看来那位记者朋友的回答就是对我们工作最大的认可了。

如果说2007年上海特奥会开幕式是我入行大型活动司仪工作的话，北京奥运会开幕式无疑是一次高潮。在此之后，我又陆续出任了奥运会闭幕式，残奥会开、闭幕式英文司仪，上海世博会开幕式直播主持，广州亚运会开幕式，深圳大运会开、闭幕式和哈尔滨大冬会开幕式的英文司仪，以及全运会闭幕式的中文司仪，自此就像在我的主持生涯中又打开了一扇新窗户。

司仪工作貌似简单，其实对司仪本身有相当高的要求，除了语言本身的把握，更重要的是文字背后的情绪拿捏要到位，要和现场气氛相吻合，吐字清晰但不能拒人千里，声音洪亮但不能喧宾夺主，富有激情但不能声嘶力竭，观众感觉不到司仪的存在，但又感受到了司仪的作用，这就算成功了。就像电影配乐，沉浸在电影中的观众不会感觉到音乐的特别存在，但音乐又对剧情的发展起着至关重要的作用。

对于司仪工作应该怎么做，我们没有经验可以借鉴，唯一能做的就是以己度人：如果我是观众，我希望听到什么样的声音？我会希望从司仪的声音里感受到什么样的情绪？

这是老办法了，拿不准的时候，就用换位思考的方式去感受。

还好，奥运会之后没有引起媒体的注意，至少说明我们的工作顺利完成了。

经常有人问我，为什么是你？

是啊，为什么是我？

我相信一定有人英语比我强，一定有人现场情绪比我饱满，也一定有人的声音比我动听，但综合条件作用的结果便是，我的名字在一个合适的时间节点出现在了一个合适的空间节点中，使我最终获得了一次如此宝贵的机会。同样是综合条件作用的结果，我顺利完成了司仪工作并得到了认可。

由此，我是幸运的。

由此，我感谢奥运。

（特别感谢周涛、张清、娅鸥。）

告别奥运，难说再见

期盼了一百年，等待了七年，奥运来了，狂欢十六天后，奥运走了。

终究是到了告别的时候。两天的时间，见证了两次告别。8 月 23 日主持青岛奥帆赛闭幕式，见证了帆船运动员告别青岛，第二天回到北京任奥运会闭幕式司仪，见证了所有运动员告别北京奥运。

奥运期间正好赶上同事生日

司仪的工作间位于鸟巢西侧媒体区上方的一间小屋，屋内有我、学清和尤宁三位司仪、联络人娅鸥和技术保障小田。外间大屋是大屏幕组及字幕组等团队的工作席。

“Ladies and gentlemen，that concludes the closing ceremony for the games of the 29th Olympiad. Good night，everyone!”

这是我们最后一句台词，说完以后，我们振臂高呼，而外间屋此时也发出了一阵阵欢呼声——胜利了！成功了！

“真的就结束了?”娅鸥说。

胜利收工

对许多人来说，奥运会一直都是一件将要发生的事，是未来的一件盛事，所有的人都在期待，所有的人都在为此做着努力。时间长了，所有的人都已经习惯了这样的等待和期盼，所有的人都开始享受这样的过程，紧张而又兴奋。

终于有一天，奥运会真的到了。可人们还没来得及细细品味，告别的时候又到了。

娅鸥说，全职投入奥运的准备工作已经整整一年半了，而如果从招投标开始，她都记不清已经“奥运”了多长时间了。

“真没想到奥运就这样结束了。”娅鸥说。

是啊，没想到奥运就这样结束了。

早在奥运开始之前我就下定决心，我一定要全情参与来到家门口的奥运会，后来事实也证明我真的做到了。从第一个代表团抵达北京开始，我就和同样来自英语频道的刘欣，还有法语频道的宋嘉宁和北外的教师王鲲一起在三十多摄氏度的奥运村户外广场主持各国奥运代表团入村升旗仪式，从早上十点到晚上七点，前后长达半个月的时间，一起见证了 204 个代表团的入驻。

八月份天气炎热，主持入村仪式 15 分钟全身就已湿透

奥运期间我还经历了一连串的大变身，先是 8 月有 8 日晚上的开幕式，我的角色是开幕式现场英文司仪。

第二天白天在奥运村，我的角色是入村仪式主持人。

晚上，英语频道奥运特别节目，我的角色是嘉宾。

主持青岛奥帆赛闭幕式

而到了第三天上午，再次变身，我转而坐在了主播位置，因为这时我的角色是奥运特别节目主持人了！

20 日，北京，媒体村，角色：媒体晚会主持人。

23 日，青岛，角色：青岛奥帆赛闭幕晚会主持人。

24 日，北京，闭幕式现场，角色：英文司仪。

在此之前，我们还去看了两场比赛，一场跳水，一场网球。在水立方见证了男子双人三米板决赛中国队夺冠，在国家网球场，由于天气原因比赛被取消，而我们还是和来自世界各地的观众躲在帐篷里避雨并期待雨停恢复比赛。

如今，奥运会结束了，明天，我们都将回到原来的工作岗位，我也将恢复原有角色：英语频道 *Culture Express* 节目主持人。

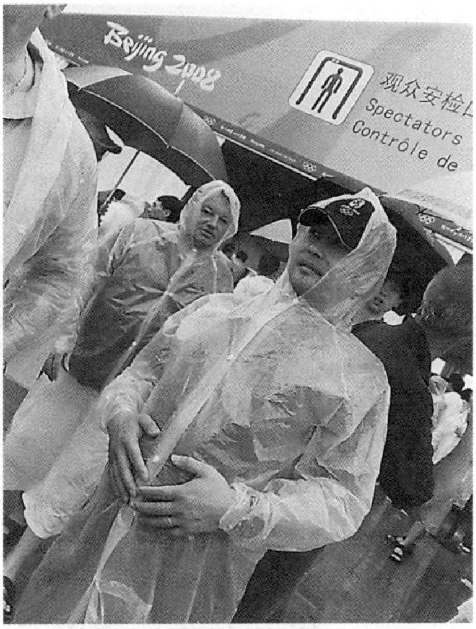

好不容易买到的网球票，却因天气原因推迟，而后又因工作而错过

外间屋，工作人员有的在合影，有的则三三两两聚在一起分享此刻的心情，而有的人却独自坐在一旁，眼睛直直地看着前边的电脑屏幕。

闭幕式圣火熄灭前，体育场上沿的显示屏展示了过去十六天来各国运动员的精彩表现，而对于所有的工作人员来说，在他们的心中也一定有这样一个显示屏，过去所有的点点滴滴都会一一闪过。

2008 年的奥运会注定是一届特别的奥运会，对运动员是这样，对民众是这样，对工作人员也是这样。

过去的十六天，我们看到太多流泪的场面。对运动员，那是成功的喜悦；对观众，那是心中的自豪；对工作人员，那是欣慰，是骄傲，而现在，更是不舍。

如此近距离地接触奥运会，这可能是很多人人生中的第一次，能够用如此特殊的方式参与奥运，也可能是最后一次。这一次，他们可以骄傲地说：我们是奥运的一部分，奥运的成功有我的一份努力，这是我们的奥运！

再拍张照，再留个影

闭幕式结束已经过了将近一个小时，观众已经基本散场，而在鸟巢现场，还有无数的志愿者、安保人员、演员、后勤以及其他工作人员，他们纷纷拿出相机，拍照留影。他们要留下一份记忆，在这个为中国人实现梦想的现场，在这个他们付出无数汗

水的现场。

难说再见却依旧要告别，我（左）与儿宁离开鸟巢

奥运会已经结束了，奥运热情却依旧在，“难说再见”的歌声已在飘荡。难说再见，却依旧要说再见，也许奥运的魅力就是在期待、在努力、在投入、在参与、在过程，也在告别时的不舍。

留下所有的出入证，留下所有的门票，留下开闭幕式的每一页司仪稿，因为我也要留下一份纪念，一份记忆，这是每一个人的奥运，这是我们的奥运。

命运轮回做主持

有些事是可以计划的，有些事或许不在计划中，却会在条件成熟时自然发生，你要做的可能就是顺流而下，顺势而为。

从未刻意追求，命运却暗自成全。在高中无意间许下心愿后多年，在2000年10月，我成了一名中央电视台英语频道的主持人。

命运轮回做主持

忘了什么时候开始有了想当主持人的念头，小时候经常有人问“你长大后的理想是什么啊?”通常我们的答案都是科学家、文学家什么的，那都是“标准”答案，那叫有志向；有时也会说火车司机、汽车司机之类的，这叫另类答案，小时候只是觉得开火车、开汽车的都很威风，但多半这样的答案会被大人称为“没出息”。不管如何另类，“主持人”这几个字从未出现在我的脑海中，甚至“主持人”是做什么的我也没有任何概念，想象中唯一接近的职业应该是公社（乡）广播站的广播员了。

然而最终我却成了一名电视节目主持人，虽说中间绕了一个小弯，但终究我还是干了这一行，并喜欢上了这份工作。要说起原因，那就是个人兴趣、机缘巧合、命运安排。

《差不多先生传》

小时候连在众人面前说话的机会都不是很多，最多就是上课时被老师叫到站起来回答问题而已，除此之外唯一靠点边的是小学时有一次学校组织全校广播操比赛，我是领操员。要在全校师生面前喊口令并领操，内心紧张得要命，表面却装得没事人一样，故作镇定，但可能就是这样的经历无形中成了我迈向主持人位置最初最原始的一种锻炼，毕竟作为一个主持人在观众面前自如地表达是最最基本的要求。

同样可以被称作是无意识主持人训练的事件发生在初中，应该是在初二学校组织演讲比赛的时候。所谓演讲，其实就是自己组织一段文字，或是找一篇文章，背熟记好，然后在全校师生面前背诵一遍即可，我是参赛选手之一。我对这次比赛印象极为深刻，因为就是从这次比赛以后，我开始勤练普通话，向着未来命运安排的职业迈出了重要的第一步。

我清楚地记得，当时我选的文章标题是《差不多先生》，说的是有一个人什么事都不求甚解，什么时候都没有严格的要求，对什么事都抱着差不多就得的态度，因此得名“差不多先生”。由于这样的一种态度，差不多先生在工作生活中闹了很多笑话。当时并不清楚是谁写的文章，看的时候觉得很好玩，于是决定在演讲比赛中使用这篇文章，却没想到现场效果奇好，同学们也都很配合，每个关键处都能听到同学们会意的笑声。其实当时我的注意力全在背词上，只要不忘词就好，以至于同学发出笑声的时候我还小慌了一下，不过还好，没忘词。

后来才了解到，那篇文章其实应该叫《差不多先生传》，是胡适先生在1919年写的作品，被称作传记题材寓言，讽刺了国人处世不认真、任何事情都马马虎虎得过且过的人生态度。初中的我当然体会不到其中深意，只是觉得里面的故事写得好玩而已。

不出所料我顺利拿到了一等奖，当我穿过人群走上台阶去领奖的时候，同学们纷纷投来羡慕的目光。内心小小地激动了一下，只是脸上还是保持原来的表情，不动声色。

没想到的是比赛后同学们都夸我普通话说得真标准。是吗？得意的同时我自己都还有疑问。但小朋友都有虚荣心，我也一样，人家都说你普通话标准了，“哪里哪里”地谦虚一下是可以的，但总不能说“其实我的普通话也没那么标准”

之类的话吧。既然你们都说我的普通话标准，那我就学一个标准的吧。

自此我开始注意普通话的标准发音。

义乌所处的地区是古吴语区，我们平时说的都是义乌本地方言，或称“义乌土话”。义乌话在吴语区中又是浙江中南部婺州片中的一个小分支，是一种古老的方言，其中保留了大量的古汉语印记。比如义乌方言中说“吃饭”不叫“吃饭”，叫“食饭”，说“玩”不叫“玩”，叫“嬉”，称“筷子”为“箸”，称“睡觉”为“眠”，称过夜为“宿（音 su）夜”，称“造房”为“葺屋”等等不一而足，实在是活脱脱的化石级语言。平时也并不觉得有什么特别，后来细一琢磨觉得义乌方言还挺有文化底蕴。

但再有底蕴，义乌话也只是一种方言，而不是全国通用的普通话。当年在中小学的教学中尽管也有用普通话授课之类的要求，但还没有要求老师普通话必须达到“一级乙等”之类的硬性指标要求。老师和学生都是义乌人，上课时说点义乌土话，或是说点带着较浓义乌腔的普通话是再正常不过的事。义乌话和很多南方方言一样，没有平翘舌音之分，没有前后鼻音之分，平时沟通没有问题，只是苦了我们当学生的，在拼音考试的时候多半只能靠猜答题。

到了初中后很多同学家里开始有了电视机，我们家也有了第一台十四英寸黑白电视机，有了更多的机会接触“正宗”的普通话后，忽然发现原来普通话里翘舌音还挺好听，于是我也开始卷舌，只是什么时候卷什么时候不卷全凭感觉，结果一不小心，被人冠以普通话“标准”的评价。不过要想真的达到“标准”的水平可不能就这样凭感觉继续下去了。

怎么办？

想到的办法就是碰到发音不确切的就查字典，这是最累最笨的办法，但也最有效。到后来几乎做到了字典不离身，而且一直坚持到了高中。如同初一时无意中看到课本附录中的音标发音图从而无意识练习了英语的发音一样，这次也是因为在别人夸我“普通话标准”的时候不想再说出“不标准”的普通话，我开始了语音的练习。

但到这个阶段我也只是热衷于练习普通话而已，而对于主持人、播音员这个职业开始有一点概念是从高中开始的，很大程度上还是受了哥哥的影响。哥哥大我四岁，心里一直有媒体情结，高中大学都是学校广播站的播音员，他甚至说毕业后要做一名播音员，就像《新闻联播》里那样的播音员。哥哥最终也没有当成播音员，反倒是受他影响的我最后走上了主持道路。

义乌中学广播站

可能是因为普通话的原因，可能是因为喜欢唱歌的原因，高中时“抛头露面”的机会越来越多了，先是每周一在台上指挥全校师生唱国歌升国旗，后来参加了全市的卡拉OK比赛，再后来为全班同学读报，再再后来在全班面前教同学们唱歌，到了高三的时候，我终于第一次在校广播站播音，从此我的“主持生涯”开始了。

学校有个广播室，连着每个教室的喇叭，如果学校有什么通知或是课间放点音乐什么的，都是在广播室里操作。

广播室成了我的第一个直播室。其实所谓节目就是放一些歌，当时《跟着感觉走》正流行，有一次在节目中我特意播放了由不同歌手演唱的《跟着感觉走》，在中间又即兴加了一点串词，也算是第一次“采编播一体”的操作了。

在节目里必不可少的当然还有“配乐朗诵”。朗诵是从小学开始就有的爱好，当时课文后面常有“有感情地朗读课文”之类的要求。也就是从那个时候开始，每到早读的时候我都会挑一篇能让自己“有感情地朗读”的课文大声地、“有感情地”朗读出来，类似高尔基的《海燕》这样的文章都是我的最爱。反正是早读时间，大家都很大声，谁也听不清谁的，怎么念以及念成什么样都可以。

有了这样的爱好，再加上有了广播室这样的平台，把配乐朗诵加入节目中就成了一个很自然的决定了。于是当时在中学生中极为走红的席慕蓉、三毛等人的作品经常在广播里飘荡，按现在的说法——有点小文艺。

没有想过是什么原因让我有如此大的勇气居然敢在全校师生面前进行所谓的朗诵，其实我所做的无非就是压低声音慢慢地一段一段地念出来而已，谈不上对所朗诵作品的理解，更谈不上把文字变成情感的表达了。

再次套用现在的说法，听朗诵的是普通青年，真正会朗诵的是文艺青年，不会朗诵而装成文艺青年去朗诵的就成了那第三种青年了。

还好那时候还不流行这样的说法，还好这本来就是高中紧张学习生活的一种调剂，同学们想听就听一耳朵，不想听就继续准备高考，因此更多时候，这成了我的一种自娱自乐。但可能就是在这样自娱自乐的过程中，我开始对所谓“主持人”的工作有了一份真切的感受。有一次和同学聊天谈起未来可能从事的职业的时候，我竟脱口而出“主持人”三个字，甚至预备高考时万一不幸落榜了我也绝不去复读，而是准备去义乌电视台试试找工作。

听上去决决然不再回头，这是要下定决心奔着当主持人的方向努力前行了，但其实这一切也只是说说而已，主持人是什么，未来的路究竟在何方，心里一片茫然。好在这些事都不用我们操心，因为如同所有即将面临人生第一重大分岔口的高中毕业生一样，我们都已经被架在了高考的轨道上，身不由已地随着洪流前行。这样也好，至少不用我们自己太操心。

有一段时间疯狂地看《新闻联播》，甚至还尝试着跟读播音员播音，模仿他们说话。练习普通话的同时心里也生出无限的向往——要是有一天我也可以和他们一样在电视里播音就好了。当新闻主播一时成了我对“主持人”的所有理解和期待。

北京语言学院广播站

高考的洪流没有把我推到北京广播学院，而另一次偶然的经历（在杭州虎跑旅游时遇到外国人，从而产生希望学英语的想法）却把我带到了北京语言学院（现北京语言大学）。大学时虽然选择了语言专业，但对媒体、对电视、对主持的情结却一直暗藏心中，挥之不去，一有机会就蠢蠢欲动。

表现之一是对电影录音剪辑的热爱。对主持的热爱使我对任何和声音有关的艺术形式都产生了兴趣，而当时电影录音剪辑正流行。所谓电影录音剪辑就是经过中文配音的外国电影的录音版，主要来自上海译制片厂和长春电影制片厂，代表性配音名家有邱岳峰、毕克、尚华、于鼎、李梓、曹蕾、童自荣、乔榛、丁建华、刘广宁等，我们比较熟悉的代表性作品有《简爱》、《叶塞尼亚》、《虎口脱险》、《佐罗》、《魂断蓝桥》、《大篷车》、《苔丝》、《瓦尔特保卫萨拉热窝》等。当时进口电影还不多，更不用说和国外同步上映的大制作。那时候也没有放映原版电影的习惯，进口电影通常都要经过配音以后才会上映，因此一部电影热映后，其主要角色的配音演员也广为人知，而电影中的经典台词更是广为传播，好像随便碰到一个人都能说出一段台词，丝毫不亚于后来的“曾经有一份真挚的爱情放在我面前……”之类的经典。正因为经典台词有如此高的认知度，以至于台词表演有时也成了独立的表演形式。别的同学随身听里装的可能是流行歌曲，我的却是电影录音剪辑。

与搭档张庆红表演电影对白，我已记不清如此“痛苦”状演的是什么了

听多了自然就要表演了，有一次学校组织学生艺术节，我就找了个有同样爱好的女生一起搭档，在艺术节上表演了一段《简爱》中的片断，我演罗切斯特，她演简爱，最后居然还挺受好评，一时大受鼓舞。其实对我们来说，所谓台词表

演最多就是对前辈的模仿，基本谈不上对角色的理解。但还好这本身就是一种自娱自乐，大家一起热闹热闹罢了。

有了大伙儿的肯定之后我就更来劲了，越玩越疯，不光是模仿了，还开始自己“创作”了！说起来也不复杂（复杂的咱也不会），就是把三毛的一篇散文改编了一下，加强角色的感觉，用广播剧的形式表现。我自任旁白，另外又找了几个同学分别担任几个不同的角色，最后居然还真的整成了一个节目上演了。

类似的表演经历丰富了我的舞台经验，这在某种程度上为未来我真正走上主持之路做了一定的铺垫，但真正给我直接帮助并让我一步步走向主持之路的却是在学校广播站的经历。

大一的时候，学校决定恢复停播多年的广播站，这个决定令我无比兴奋，马上就决定报名。面试说来也简单，当时负责广播站复播工作的是大学刚毕业的我们的辅导员秦老师，于是秦老师就在办公室里开始了史上最简单也最有效的“面试”。

——以前做过广播站工作吗？

——做过，在高中就做过。（有工作经验很重要啊！）

——那念一段吧。

——行……念什么？

——……马上就歌咏比赛了，你就念《我的家在东北松花江上》的歌词吧。

——好，（清清嗓子）。我的家（停顿），在（轻声）东北（稍重）松花江（更重，稍慢）上（完全发音，微微上扬）……

——行了，声音不错，就这样吧，就你了！

史上最有效率的面试！

就这样，我当上了刚刚恢复的北语广播站的主持人，我的搭档？自然就是秦老师了。估计秦老师在大学里也是广播站的，出于习惯，毕业工作了进入另一个校园，依然保持着播音情结。

广播站的第一项工作：录片头，也就是每次开播时的呼号。一切因陋就简，配乐用的是秦老师男朋友吹的小号，现成的；录音棚就在学校电教办录音室，现成的；我，更是现成的。

一段小号后，声音渐弱——“北京语言学院广播站现在开始播音！”

铿锵有力！

我的广播站播音生涯正式开始了。

从此我的声音就时常出现在校园里，不管喜欢不喜欢，反正到点儿就播。当然上课时不能播，播音的时间段都是在中午下课以后，或是下午四五点钟，反正就是没上课的时候，因为正好也是大家该吃饭的时候，以至于后来广播一响，同学们的第一反应就是——该吃饭了！

有时回想当时的经历，深感很多时候发生在我们身上的每一件小事就像是一个个齿轮，一旦咬合到位，就会带动下一个齿轮向前移动，也只有前一个齿轮到位，才能带来下一个齿轮的移动，无论前一个齿轮有多小，看似多么无关紧要。

小学时的领操、初中时的《差不多先生传》、数年间《新华字典》不离身的苦练普通话的努力、高中时广播站的经历、为全班读报、指挥全校唱国歌以及参加歌唱比赛等等，甚至每一次简简单单地在全班面前讲话，每一次经历在我看来都是一个个的小齿轮，尽管每一个齿轮都是如此渺小，却都在无形中为下一个齿轮的移动提供着动力。

从广播站到电台

学校广播站开播一段时间后，无意中我在报纸上看到一则主持表演培训班的消息，培训班是由北京电台的一个导演主办的。我很想去参加培训班，因为到目前为止，我所做的所谓“主持”都是下意识的一种模仿，如果能有专业老师指点一下，于我自然会大有助益。可问题是要交学费，80 元。现在听起来 80 元不算什么，但当时我一个月的生活费也就 90 元，要拿出 80 元来参加培训班显然有困难。

抱着试试看的想法我和当时的团委书记赵老师提出了申请，理由也很正当，为了广播站的工作，我应该去接受正规的培训。要求是提了，不过心里对此没抱太大希望，没想到赵老师批准了我的申请，唯一的条件是：培训回来要坚持在广播站工作到毕业。

No problem!

没问题，这本来就是我的兴趣。

又一个齿轮合上了。

拿着申请下来的经费兴冲冲地去报了名。培训地点位于某中学校内，我们的培训时间都在晚上或是周末。培训的过程已经记不清了，就记得我们的老师有的是中戏的台词老师，有的是教表演的，有的就是电台的主持人。我记得最后考试的时候我朗诵了一首诗，考官中就有来自北京电台的导演兼主持人。

让我记忆犹新的是培训之后发生的事情。培训结业后差不多一个星期，我接到了一个电话，是北京电台的那位导演打来的，电话中他告诉我说北京电台经济台正在招客座主持人，他觉得我条件不错，问我愿不愿意去试试。

愿意愿意!

这还用问吗？当然愿意了！这是从未想过的从天而降的机会，不能错过。

戏剧性的还有接电话的过程。当时还没有达到每个宿舍一部电话的条件，我们也没有寻呼机，更谈不上有手机了。基本上都是楼下传达室有一部电话，有电话来就由传达室的阿姨接，然后再叫我们下去接。北京台导演来电话那天我正好从传达室经过，电话响了，阿姨没在。我就顺手接了，想着甭管找谁我正好上楼喊一嗓子就行了，结果，这个电话是打给我的!

接下来的面试就不能指望什么戏剧性发展了，成不成功看的是你能不能干活，能力是不是满足他们的要求。还好，在此之前我是北京电台经济台的忠实听众，还给电台写过信参与答题，对他们的节目风格已经相当熟悉了。

经济台电波属于中波波段，但当时却是北京地区第一家开始全程直播的电台。直播和录播的最大不同在于主持人语态的变化，主持人在直播的过程中有了更强烈的对象感，听众也觉得主持人和他们的距离近了不少，因此直播以后，经济台大火，收听率直线上升。

去面试前我对电台的小枫、枫叶、文琳、海东等几位主播的声音已经非常熟悉，去面试时甚至有一睹明星真面目的想法。成不成的，至少我见到明星了！

面试的过程也很简单，几位主播把我们几个来参加面试的人分成若干组，每组两人，然后给了我们一份稿子，告诉我们用经济台的主持方式，两人配合完成模拟主持。

要是不熟悉节目还真不好完成这个任务，幸好我真的是一名热心听众。

模拟主持结束后，几位主播又说了说其他一些注意事项，然后说你们回去等消息吧。

等待的过程总是最煎熬的。这段时间我有意多在宿舍里待着，恨不得一听到电话响就冲下去。好在时间不长，一个星期后，电话来了，巧的是这次电话来的时候我正好下楼。电话仍是那位导演打来的，他说你被录用了，再培训一下就可以上岗了。

我有些不敢相信自己的耳朵，一直想当主持人，机会竟然就这样来了！这次不是在学校广播站，而是在真正的电台，我将开始真正的主持工作了！

北京电台经济台

我清楚地记得第一次播音的时间：1992 年 7 月 31 日。只可惜没留下当时的录音，否则现在听听应该会很有意思。

带着我一起主持的是经济台资深主持人枫叶，早在确定新搭档之前，她就已经给搭档起了个播音名——江山。枫叶，江山，正好搭配。于是，从那一天开始，在电台的节目中多了一个江山的声音，我，也成了江山。

按计划，每周我有一次节目，节目都是晚上的，因此并不影响学业。上班路线都是从学校坐公交车到积水潭换地铁，从环线换一号线，再从建国门步行到台里。有时节目做得晚了，错过了末班车回不去学校了，我就铺张报纸睡在办公室的桌子上，第二天再一早赶回学校上课。虽然辛苦，却心情愉快，因为喜欢。

随着时间的推移，我参与主持的节目类型也渐渐多了起来，有资讯，有点歌，有朗诵，有访谈，甚至还有热线节目。

在经济台开始主持的时候还是大二暑假，开学后回到学校，有同学见到我便问，“经济台有个叫江山的声音特别像你，是你吗?”知道的人渐渐多了以后，直接后果就是找我点歌的多了，有时我也帮他们走走“后门”，直接把他们的歌点了，但也不敢太过分，毕竟对其他打电话或写信来点歌的听众不公平。但后来我在节目里公开我的学生身份的时候，还是有人判断出我就是北京语言学院的学生，看来还是有高手看穿了那点“后门”点歌的把戏。

江山与枫叶

当时还没有互联网，也没有短信，和听众沟通主要是通过电话和信件的方式。听众打电话参与的热情都很高，而且能参与的节目也很多，比如点歌、有奖竞答以及热线讨论等节目都欢迎听众的参与。打电话的人很多，要打进来真的很难，去电台主持节目之前我也打过电台的热线电话，试了很久却一次都没有打通。

听众通常都是边听节目边打电话，每次打进来都不敢相信已经成功地接通热线了，通上话后的第一句话都是“是我吗?”确认一下也对，谁也不想对着一条没接通的电话线浪费感情。当时的电台波段中波好像是主流，发射功率大，覆盖面广，有一次居然在直播中接到从泰山山顶上打来的电话，是不是真的也没去追究，但当时在节目中这个电话让我们好不激动了一番。

节目后与靳羽西合影

打电话的人中有些热情超高的听众就成了专业节目参与者了。当时有听众竞答的环节设置，为的就是鼓励听众收听并参与节目，因此准备的问题大都不会太难，有些干脆就是节目中提到过的内容。难度在于打进电话，可有意思的是，有几位听众可以每次都打进电话来，因为从他们的声音和得奖后提供的个人信息来看一定是同样几个人，到底他们用了什么招数可以做到如此轻而易举不得而知。可问题是，设立这样的环节就是为了能鼓励更多的人参与，如果其他听众感觉到老是同样几个人得奖的话，我们就脱不了安排托儿的嫌疑，但根据当时得到的信息，我们又不能判断他们是否使用了一种非正常手段打进电话，因此我们也不能剥夺他们参与节目的权利，这事着实让我们头疼了一阵。还好后来这种现象有所减少，也许是他们厌倦了这种游戏，或是发现能提供更多更好奖品的节目了。

另外，信件也是和听众保持联系的主要方式。和现在的观众或是听众比起来，那时候人们好像更有参与节目的热情。给我们写信的人来自各个不同的领域，有不同的身份。信中内容有点歌的，有向我们倾诉的，也有给节目提意见的。有的信是写给栏目组的，有的干脆就是写给我的。事实上，开始做节目不久我就收到了听众写给我的信，多是一种鼓励，有的也提出了批评意见，有时还相当严厉。

与郑少秋合影，当时《戏说乾隆》正热播

谁都爱听好话，而听到批评性意见的时候多少都会有些沮丧，对于才二十出头的我来说更是如此，有时甚至还会觉得有些恼怒。可毕竟这是听众的意见，他们是节目的受众，我们做节目就是给他们听的，他们提意见总是有原因的。因此尽管内心有几分不情愿，有时还有一点点不服，但我还是强迫着自己静下心来仔细阅读听众的来信，这时我发现，很多时候听众所提出来的正是我自己隐隐有所感觉却不愿意去面对的不足。本想自欺欺人一下过去就算了，但毕竟这已经不是自娱自乐了，这是一档正式的节目，听众的感受自然是由不得你来乱"欺"的。有了这样的感受后再看听众的来信，心情就平和多了，有时甚至还拿出信的一部分在节目中念诵播出。也许是这样的举动让听众感受到了一种真诚，被念到信的听众有的会再次来信，表示意外的同时，还会继续提出更多中肯的意见。

在很多时候，不管是观众还是听众，他们更像是一个抽象的概念。你知道他们在那儿，但你又不清楚他们在哪儿，你知道他们在收听收看节目，但你又不清楚是谁在听谁在看。不知不觉中总有一些时刻，你会把本应非常具象的听众和观众抽象化了，在那一时刻他们就不复存在了，于是节目就真的成了自娱自乐，自己沉醉其中，受众却不一定买账。后来正式入行做了主持人以后，作为一个非科班出身的主持人，我只能以一种笨办法提醒自己——如果换位成一个观众，我希望看到什么样的节目，我希望主持人用一种什么方式主持节目？尽管千人千相，每个人喜欢的类型可能各有不同，但他们一定不能接受那种高高在上、不接地气、自以为是、自说自话、自娱自乐的主持方式。

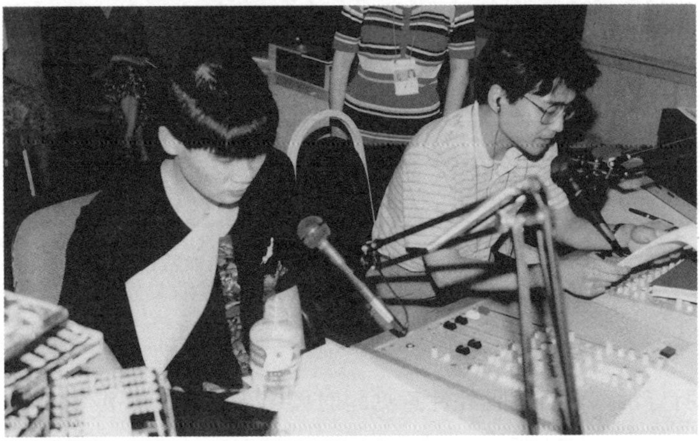

江山播报中，旁边是世界冠军叶乔波，后站立者为枫叶，准备开始访问叶乔波

在经济台所做节目中最大的挑战来自热线讨论。记得当时有个节目叫《悄悄话》，每次我们会定一个话题，听众热线参与讨论，有时是社会话题，有时也会变成家庭话题。主持这个节目我当然只是配角，我的搭档枫叶是主要主持人，但有时我也需要独立主持。我们可以想象一个二十刚出头的学生在听到听众打进电话讲述他们的家庭婚姻故事的时候会是什么反应，好在打电话来的听众多半不是为了寻找答案，而只是为了找个人倾诉一下，他们要的是有个人能认真地听完他们的故事。往往倾诉的人内心已经知道自己要做什么，而我扮演的正是这样的一个倾听者的角色（其他的我也做不了），只要用一个真诚的心态去倾听就可以了。虽不完美，但对诉说者来说也不失为一种选择。

在经济台的主持持续了三年，直到 1995 年由于时间关系不能继续，那时我已经在教育部工作，成了一名公务员。在经济台工作的三年是我第一次有机会在一个电台担任真正意义上的主持人，使我有机会去感受主持这个行业，去感受主持人与受众之间的关系，这段经历使我受益匪浅。

毛遂自荐

在电台工作一段时间后，有一天班上的一位同学突然告诉我说，北京正在举办全市大学生卡拉 OK 比赛，说你要不要去试试当主持人？

好啊！当然要去！

想法很好，可怎么去？找谁联系？怎么联系？怎么推荐自己？他们为什么要请我做他们的主持人？他们是不是已经有了自己的主持人了？

也顾不了那么多了，正所谓初生牛犊不怕虎，再加上那时候感觉正好——我可是北京电台经济台的主持人！当时没有网络，也不认识人，幸运的是几通电话后我找到了主办方，找到了联系人，找到了他们的工作地点。

电话中我说我是谁，我希望能当此次活动的主持人。电话那头对这样一个电话略显诧异，但马上同意见面谈谈，并说他们正在找主持人。

开端良好！

如果没记错的话，这次高校歌唱比赛应该是由北京市团委组织的活动，但实际的组织工作其实都是由学生在操作。活动的办公地点好像就在北京理工大学校内，接待我的人就是接电话的那位女同学，果然如我所料，她也是学生。

学生的活动由学生自己来组织，没有比这个更合适的了。

和几位负责晚会的同学还有带队的老师见了面，大致介绍了一下我自己的情况，说是哪个学校的，学什么专业的，一直在学校的广播站工作，当然我也没忘了重点介绍一下最关键的信息——我现在是北京电台经济台的客座主持人！我就是江山。

原来你就是江山啊！

还真有人听过我的节目。

有了这一层背景，下面的谈话进展得很顺利，几位“面试官”也介绍了一下这次歌咏比赛的大致情况，并指着另一位女同学说她就是你的搭档。最后面试官们问：“你觉得应该用一种什么状态主持？”

说实在的，那时候我对主持工作的理解还停留在初级阶段，觉得无非是主持人在众人面前说话不犯怵，然后找机会扔几个笑话逗逗观众等等，但下意识中又非常喜欢一些名主持在台上谈笑风生举重若轻的状态。作为当时为数不多的几个学生主持人，我那时正是信心爆棚的时候，不知不觉中已经把自己等同于那些心中的名主持了，甚至觉得我也可以和他们一样在台上做到谈笑风生、举重若轻。

因此当被问到这个问题的时候，我脱口而出："应该是轻松的，应该是现场的，应该是要发挥的。"

"我和你相反，我觉得一定要提前准备好了。"女搭档同学说，"我和你不一样啊，你是专业的，我可没你那么厉害。"

其实什么叫现场的，怎么能做到现场发挥、什么时候发挥、怎么发挥、要达到什么效果，我也不是很清楚。

经常会在报纸杂志上看到主持人处理舞台上突发事件的成功案例，甚至直到今天的主持人大赛都要以突发事件作为考题来考核选手，以观察他们的反应能力和主持功底。在突发状况下的反应能力当然是一个优秀主持人必须要具备的能力，但它并不是主持工作的全部。就是因为在无数的故事中我们看到的都是主持人神奇化解台上尴尬的传奇，以致众多怀抱主持人梦想的人都把解决台上危机作为自己的必杀技（这样的追求本身没错，只是有些跑偏），平时没事就开始琢磨各种突发状况并暗地准备对策，我也一样。有一次在学校主持的时候，还真用上了备案。那次是在主持过程中台上的一盏灯突然灭了，正好这是我看到过并想到过的预案之一，于是我说"看来今天晚上节目真的很精彩啊，气场大得把灯都给震了"，同学们哄堂大笑，一场小意外顺利通过。

正是因为有了这样的"成功"经验，更让我觉得自己的主持已经是炉火纯青了。主持人不是讲究要把控现场吗，我能！

也许是因为我是电台的客座主持人，也许是因为几位"面试官"不想打击我的热情，我顺利通过了面试。

和在学校广播站以及电台主持节目不同的是，这次面对的是现场的观众，是来自北京不同高校的同学，他们不知道你季小军是谁（只是众多同学中的一位），他们也不在乎你是不是电台里的“江山”，他们是来看节目的，他们是来支持他们自己的明星的。

相较于面试时的信心满满，真正站到台上的时候我还是有一些紧张，毕竟于我来说，这又是一次全新的体验。

真正站在这样的舞台上的时候才意识到，哪有那么多的现场发挥，哪有那么多的台上的危机需要你去解决啊，现场观众真正期待作为主持人的我去做的无非是介绍选手，推动流程，在合适的节点渲染气氛，但又绝不能去抢选手的风头。

真得感谢搭档女同学的坚持，这让我们在比赛开始前认真地研究了选手的资料，认真地准备了台词。

前一段时间我们的节目来了几位实习生，之前他们都是节目的观众。过了几周以后我问他们，这时候再看节目会有什么样的感觉，他们几乎是异口同声地说：“原来节目做起来那么难，远没有看起来那么轻松、那么容易。”

这就是我主持完那次晚会后的感觉。

后来真正从事主持工作以后才越来越真切地感受到主持工作的难度，原来台上的一切从容自如、举重若轻都必须来自多年的练习、经验的积累以及精心的准备，所谓把握现场更多意味着在合适的时候用合适的方式说合适的话。

说起来简单，做起来却很难。我们总是容易高估自己的能力，低估我们面对的挑战。

与主持岗位渐行渐远

有了电台的几年主持经历，一个“顺其自然”的结果应该是毕业后我会留在北京电台做一个主持人，从学生主持人“转正”为正式主持人，或是找一家别的电台电视台，不管是哪一家，反正是媒体就对了。有一次一位多次来电台做音乐节目的嘉宾还特意好心提醒我说，别傻做节目了，问问领导能不能毕业后来台里工作。

奇怪的是，我没有去问，我也没有尝试着去其他电台或电视台寻找机会，我隐隐地还是觉得做主持人终究只是我的爱好，不一定要把它变成职业。尽管我并不排斥当一个职业主持人，但我同样也没有那么强烈的愿望一定要去当一个职业主持人。

每个人毕业的时候都会有很多想法，但要找一份满足所有要求的完美工作显然是不现实的，也不可能。于我来说，我想留在北京，想找一份“正式”的工作，而不是像当主持人这样显得不那么“正式”的工作。也许在我的理解中，我太享受主持的“过程”，以至于总是不自觉地将它当成了“玩”，而不是一份有保障的“正式”的工作。冥冥之中，我一直觉得主持可以是我的爱好，但不一定是我的职业。

在各种条件的综合作用下，毕业后我进入教育部，成了一名公务员。

若干年后机缘巧合加盟中央电视台后再回头看这段经历的时候，很多人问我为什么当时毕业的时候你不去试试电视台呢，这样说不定你早就成了主持人了。

人生没有假设，没有发生的就是没有发生，而已经发生的一定有其发生的原因。我只是在当时的条件下做出一个最适合的决定，只是在做一个条件允许我能做的最好的选择。

做主持人算是我的梦想吗？应该算吧，从高中时懵懵懂懂中就许下过这样不着边际的未来之愿，但我也好像从来没有为了这个所谓的梦想而无视我所处的环境，无视我可以有的选择。我只是在条件允许的情况下做出了一个顺其自然的选择，只是当我最终选择以主持人作为我的职业的时候，我发现这果真是我喜欢的职业。但我会后悔没有早些做出这样的决定吗？不会。是不是喜欢主持人这个职业，这个职业是不是真如我在高中时所畅想的那样是我的理想所在，在真正入行之前我无法预测。如果是，那是我的幸运，如果不是，那是生活的现实，而我则要承担做出这个选择的代价，而作为刚毕业的大学生的我来说，我是无法承担那样的机会成本的。

我佩服那些为了自己的梦想不顾一切勇往直前的人，我尊重他们执著的精神，但那不是我的哲学。当你认定一个梦想的时候，你能确信那真的是你的梦想吗？你能确信那真的是最适合你的决定吗？你能确信你真的可以做到如你想象般出色吗？过把瘾就死固然精神可嘉，但我极不赞成以追求梦想为名逃避自己应该承担的社会责任和家庭责任，甚至毫无愧色地扮演“啃老”一族。当各种矛盾集中的时候，我们首先要解决的是生存问题，无以自立，何谈梦想！

而当梦想少了一分功利之后，反而会自然而然地演变成一个纯粹的兴趣，至少于我是这样。

成了公务员，工作一年后由于时间冲突不能继续再在电台主持，看起来离主持人的工作渐行渐远。对此我倒也能安之若素，于我来说，做主持人固然是我的兴趣，可谁又能保证真正把它当成一个职业的时候我还会热爱这份工作呢，谁又能确定我现在做的不是我最合适的，谁又能确定这不是我做得最好同时又可以给我最大成就感的工作呢？最实际的做法可能就是先感受现在的工作，先认真把它做好，喜欢不喜欢，要做了才知道。

话虽如此，但这并不妨碍我继续在我的个人爱好中寻找乐趣。除了工作第一年我还继续在电台兼职以外，如同在学校时那样，单位的各种活动的主持我都会参与。时常也有人会找我给一些专题片配个音，虽不甚专业，但也不至于离题千里。这期间离电视最近的经历算是担任一个中文教学片的主持人了，这是同属教育部系统的汉办的项目，负责项目的同事认为我完全可以胜任片子的主持人，于是便把我推荐了上去，结果还真定了是我。差不多十年后，那时我已经在英语频道工作，有一天同在英语频道工作的外籍主播 Edwin 突然问我，你是不是当年录过一个汉语教学片，我说是啊，他说我买了一套教材，结果发现里面的主持人很眼熟，果然是你！

但那时与电视的缘分也就仅限于此了，我在教育部的岗位上踏踏实实地工作着，教育代表团、英国、留学、奖学金项目是我工作的关键词，直到有一天我去英国留学，直到留学回国以后，我才得以与电视再度结缘。

再续前缘

去英国诺丁汉大学留学是1998年的事了。按当时的说法，那一年出国留学可被视为被分流人员。所谓分流的说法是指当时新一届政府上台后推行的政府部门瘦身的举措，很多部委的同仁要么调往其他部门工作，要么退休，要么去国外使馆长驻，要么如我一样被派往国外留学，不管是哪一类，我们都属于被分流人员。而对很多被分流出国留学的人来说，分流就意味着回国后要自行解决就业问题。

但1999年10月留学毕业后回国，我还是回到了教育部工作。虽说部委需要瘦身，但工作量没怎么减，总是要有人干活的，与其再招新人从头培训，还不如重新召回老人儿靠谱。在留学结束前一个月，我接到了原来领导的召唤Email，而当时我也没有别的更好的选择，于是回国径直把行李放回了原来的单身宿舍，我又回到了原来的工作中。

然而过了几个月后，内心忽然开始有了一点小小的不安分：我是选择继续现在的工作，以及更关键的是，选择现在的工作带给我的生活方式，还是选择去尝试别的机会，别的生活方式？

内心有了这点不安分以后，我就开始四处寻找工作机会，报纸，网站，熟人关系，希望动用各种办法为自己寻找一个未来的方向。

直到此时，做主持人还是没有进入我的职业考虑范围，直到有一天我接到了一个电话。

电话是中央电视台主持人杨锐打来的，杨锐当时主持一档叫*Sunday Topic*的节目，也就是现在的*Dialogue*的前身。电话中杨锐说他正在策划一期有关中国留学生在海外留学的话题，希望找有新近留学经历的回国留学生参与，我是嘉宾之一。

杨锐是之前就认识的朋友，他当年也是通过教育部的一个为期十年的奖学金项目“中英友好奖学金计划”赴英国留学的，而我则参与了该项目的日常管理工作，奖学金项目庆祝十周年的时候，杨锐作为项目学员和电视台主持人的双重身份参加了庆典。

以前和杨锐聚会的时候他也开玩笑似地说过要请我上电视台做英语节目，但当时也就一听，没太上心，毕竟我对电视是什么以及节目是怎么做的一无所知。

此时我仍然没有意识到这样的一个电话会对我未来的职业走向起到如此重要的作用，从而让我真正走了上电视主持之路。

当时的反应只是——从没上过电视节目（教学片不算），上一次吧，多好玩。

节目做得很顺利，一起做节目的还有一位北外的教授，她可是一位资深留学生，在美国和加拿大留学多年，对当天的话题不仅言之有物，语言也是相当的出色，而我就相形见绌了。

但我毕竟上电视了，恨不得告诉所有家人朋友让他们观看。

在我还纠结于自己的英语不够理想的时候，我又接到了杨锐的电话，电话中杨锐说再过两个月中央电视台要成立英语频道了，现在正在四处寻找合适的人选，你要不要来试试？他说他已经向领导推荐了，领导在审节目的时候对我印象还不错。

正在考虑换工作，机会来了。

但此时于我而言，这也就只是机会之一，因为我同时还在尝试其他的行业，去过不同的 NGO（非政府机构）面试，甚至还拿着一张张报纸上撕下来的广告去参加了几家跨国企业的面试。其中一个只差临门一脚的机会是英国驻华使馆文化教育处（即 British Council，英国文化委员会），都已经和大老板谈完了，最后却因种种业务能力范围之外的考虑而未能成功。多年以后有一次在广电总局举办的新年电影招待会上，我又碰到了当年这位负责人，他开玩笑说，还好当年你没来成 British Council，要不我们就少了一位这么优秀的主持人了，我觉得这个工作更适合你。

这句话的前一部分自然是人家客气，但后半句话却可能说出了一个事实。

可适合不适合谁又能预见？所以当时我也只是把这次面试当作众多面试中的一次，反正想要换工作，在哪面试不是面试啊。

一起试镜的有三个人，我们被直接带到演播室，当时演播室内正在直播，半个小时后，里面的主播走了出来，是东威，这可是经常在电视上看到的新闻主播啊！看到本人了！东威了解到我们是来面试的便说道，终于要来新人了，我都已经在这儿工作十二年了。当时觉得十二年是一个很漫长的时间，不过一眨眼间我自己也已经在电视台工作了十二年了。

试镜的稿子就是东威刚刚播过的新闻，直接给我们打了几份，每个人看稿的时间还不到十分钟，带我们试镜的当时的播音组组长福庆（又一位电视上经常看到的新闻主播啊！）就催着我们进演播室。后来杨组长解释说这是为了看看我们在紧急情况下对语言的掌握能力，因为在实际工作中，由于需要赶新闻，有时会在开播前才拿到稿子，主播没时间备稿也是常事。

话虽这么说，可毕竟我们都是新人呐！

新人显然没有机会制定规则，我们只有服从规则。于是哆哆嗦嗦地坐上主播台，毛手毛脚地操作着从未接触过的提字器，吭吭哧哧地好歹把稿子念完了。

面试的效率相当高。三个人刚完成试镜，当时英语频道的“三巨头”（即三位领导，盛亦来主任、江和平主任、杨福庆组长）马上带着我们找了一台机器看回放。我们三位只能服从规则的人悬着一颗心站在他们后面，等待着被宣判。

看来有时效率太高也不好，好歹先说一句“回去等消息吧”，这样我们还可以有几天幻想的时间。如此现场办公，刺激太大。

但正如前面所说的，我们没有机会制定规则。

三巨头看完片子后分别做出点评，有批评的，有肯定的，反正是有好有坏，话里听不出来到底是满意还是不满意，也不知道我们通过面试没有。

然后三位领导进行闭门磋商，最后江主任和我们分别谈话。

轮到我了。宣判的时刻终于到了。

带着紧张而又期待的心情，我来到中央电视台那栋标志性蓝色大楼的十九层办公室，刚一坐下，江主任开门见山：“什么时候可以来上班？”

啊?！我拿到 Offer 了？就这样？

就这样！

就是从那一刻起，我真正开始走上了电视之路。回望这条路，我惊奇地发现本应该是一条直线的轨迹中途拐了一个小弯，然后又在无意识中，命运之神又把我带回到了从小就有兴趣的主持之路。

尽管一直对媒体抱有浓厚的兴趣，我却从来没有过非电视行业不做的决心和决定，每一次转身似乎都只是顺势而为，决不强求，然而隐隐中又觉得每一阶段的工作学习都在为最后回归电视之路做着自觉或不自觉的准备，有意无意间，我一直在准备着。

正如我在前面说过的那样，在我们身上发生的每一件小事，我们每天所做的每一个决定，都像一个个小齿轮，只有前一个齿轮咬合到位了，才会带动下一个齿轮的运动，中间绝无捷径可言。

如果没有小学时在全校广播体操比赛领操这类的活动让我锻炼了站在众人面前不至于犯怵的心理素质，如果不是小学早读时无意间喜欢上了"有感情地"朗读课文，我就可能没有能力初中时在全校师生面前绘声绘色地讲述《差不多先生传》的故事。

如果不是讲述《差不多先生传》故事的表现让全校师生对我表示认可，我可能也不会对普通话产生如此强烈的兴趣，更不会天天抱着一本《新华字典》自我纠音。

如果不是初中刚开始学英语时对音标感兴趣，可能也就不能打下英语发音的良好基础。

如果不是在初中着力练习普通话以及一直以来对"有感情地"朗读课文的偏爱，在高中时我可能就不会有机会在学校广播站朗诵并"主持"节目，更不可能暗下决心以后要当一个主持人。

如果不是高中的广播站经验，如果不是几年来强力学习标准普通话，在大学里我可能就不会有机会在广播站工作。

如果不是因为在大学广播站工作的锻炼，可能我也就不会有机会到北京电台经济台做客座主持人，更不会有机会亲身感受真正意义上的主持人的工作。

如果没有在经济台的工作经验，我可能就不会有机会去感受主持工作究竟意味着什么，去感受主持到底是一份什么样的工作，就可能会一直沉迷于自娱自乐，而不是真正从受众的角度去思考去工作。

如果不是在教育部工作期间锻炼了工作能力和语言能力，我可能就不会因为语言方面的能力得到认可，也就不会得到在英语频道工作的机会。

如果不是因为在教育部工作期间全情投入认真工作，我可能就不会有机会得到诺丁汉大学校长的亲自邀请并赴英国留学。

如果不是因为在英国留学，我可能也就不会有机会参加那个对我的职业发展起到至关重要作用的节目。

…………

如此种种，互为因果。如果我现在从事的是别的行业，也许我也能列出一个类似却完全不同的因果关系，但那已经不重要了，重要的是在我的生活中的每一个小齿轮是以现在已经发生的这种关联关系紧紧咬合在一起的，并在不经意中把我带到了现在的主持人位置。

正可谓意料之外，情理之中。

在我们的生命中有很多事情是可以预见的，但围绕着我们的更多是无法预见的各种偶然的发生。然而任何事情的发生或没有发生，总是有其发生或没有发生的原因。没有什么事情是完全偶然或完全没有原因的，看似偶然间，总有一些必然的因素在起着作用。

在小学领操的时候，在初中说着《差不多先生传》的时候，在抱着字典逢字必查的时候，在翻开英语课本研究音标发音图的时候，我不会意识到在多年以后，这些看似毫无意义的行动会变成一种努力，一种准备，会对未来我走上主持之路起到关键作用。

有些事是可以计划的，有些事或许不在计划中，却会在条件成熟时自然发生，你要做的可能就是顺流而下，顺势而为。

从未刻意追求，命运却暗自成全。在高中无意间许下心愿后多年，在 2000 年 10 月，我成了一名中央电视台英语频道的主持人。

▶初中时的照片，忘了这次是不是在说《差不多先生传》

▶大一，应该是有关五四主题的一次表演，和我搭档的就是将我招入广播站的秦老师

▶2002年某一次播音结束后

▶《绝对挑战》的主持现场

▶与吴宗宪合作主持“中华情”

▶“中华情”外景，我是游击队员

“中华情”在加拿大

“中华情”在奥克兰

▶专访摄影家Steve McCurry，照片背景是他的代表作《阿富汗少女》

▶专访吉他大师Satriani

▶采访大提琴演奏家马友友

▶采访舞王Michael Flatley

▶采访南非鼓手

60前，80后

下午刚录完 *New Frontiers*。

New Frontiers 节目的中文名称是《新探索》，是一个专题节目，类似《发现探索》，属于纪录片类，典型的口吻应该是“讲述……背后的故事”，“揭示……的秘密”。其实《新探索》的很多素材就是从中文的《发现探索》里来的，然后我们的编导再进行二次创作，做成英文节目。

《新探索》用的是虚拟景，录制时背后只是一片蓝幕，需要用特技把虚拟的背景合成上去，这样最后的成片就会显示我在一个特别的环境里主持节目，而这个环境我在录制时是看不见的。

这事说起来简单，做起来却相当复杂。

既然是虚拟，现场就没有任何实物，而要表现的却是某个“真实”的环境，因此定位、走位就很重要。不光是人要走位，摄像机也要“走”位。机器是死的，当然不会“走”，挑战在于摄像师，从哪儿开始推近镜头，在哪儿定住，分寸的拿捏自然不是一天半天就能掌握的。

而我们的摄像老安却可以拿捏得恰到好处，尽管在镜头里看到的只是一条条粗细不均的淡蓝色线条而已。

老安是台里一位老牌帅哥，也是一位资深摄像，从事本行业至少也有几十年了。

老安多大年纪好像知道的人不多，据说应该介于四十多到五十多岁间。说他可能五十多岁，是因为他是一位资深摄像，来台工作多年，年纪应该不小了；说他只有四十多岁，是因为他身上好像永远有无穷的精力。

安老师最常见的形象是头戴一顶棒球帽，身穿摄影服。外出工作时，老安总是一手提着摄像机，一手拿着架子，风风火火，大步流星地赶往拍摄地。哪怕拍摄地点再远，条件再艰苦，老安也总能保持旺盛的工作热情。“老大”是我主持的另一个节目的摄像，每次看到老安都忍不住不无醋意地说安老师您怎么精力那么好呢？我们到您那年纪时还能有您一半精力就好了，每到此时老安总是笑笑，客气两句。

老安还有一大爱好是摄影，听说一有时间就和几个影友找一风光旖旎之所在拍上一通。老安说几十年拍下来，光洗出来的照片在家里就存了不少了，有人物有事件有风光，有空就自己拿出来看看。我说您老为什么不来一次摄影展啊？老安淡然说道，我摄影纯属兴趣，不求名不求利的，自己喜欢就行，何必一定要有摄影展呢。

老安也十分乐于助人，只要有人找他帮忙都会得到他十分热情的帮助。有一天我心血来潮想买个单反相机玩玩，就找到了老安。老安十分敬业地先问了问我的摄影水平，在了解到我也就是会按个快门的水平后，老安为我推荐了一款他认为最适合我的入门级单反相机，并非常专业地推荐了与之相配的镜头，说这样你的需求就全解决了。不光是乐于助人，还是非常专业地助人，这就是老安。

60前的老安，老当益壮、兢兢业业、淡定从容、懂得生活的老安。

一起在演播室的还有小宋，小宋是《新探索》栏目组的编导，每次录制时小宋还负责帮我推字幕，因此前一阵《大宋提刑官》热播的时候我送他一个大号——小宋提词官。

对这个创意我自己得意了半天，小宋却全无反应。

小宋是年轻人，刚毕业没几年。本想说他是典型的 80 后，结果他说他不算，因为在他心目，典型的 80 后都是那些现在已经成为百万、千万甚至亿万级富翁的年轻有为之士。

80 后对自己的要求果然不一样。

小宋前一阵情绪低落，说是失恋了，而且决定要蓄须明志。蓄须的事不知道小宋坚持了多久，反正第二次录像的时候小宋的下巴是光光的。

前不久组里来了几个女实习生，按通常的套路，很多故事都会在她们实习期间发生，因此很多人都对此充满了期待，我就是其中的一个。

——有中意的吗？这是许多人问他的问题，问的人当然也包括我。

——没有。他斜看了我一眼。

——为什么呢？

——你说呢？

对话结束，顾左右而言他。

小宋绝对是一个讲究时尚的 80 后，这一点从他为自己精心挑选的衣着上就可以看出，更可以从他精心呵护的发型中看出。

莫西干头是他曾经的发型，不知道是不是受了小贝的影响。但莫西干头也没有坚持多久，有一次看他头发凌乱，忍不住建议他去理一下，他却满脸不解：是吗？这是我自己设计的发型好不好，我专门烫过的！

好吧，在 80 后面前，我这个"生于 70 年代"的看来是年纪大了。

尽管有时也希望表现出自己的成熟，但追星的事小宋还是要做的。听说我曾经和侯佩岑合作过，而且这次"中秋晚会"听说还要和林志玲一起主持，小宋满脸羡慕。能帮我带个签名吗？这是小宋的要求。

我说这年头签名太老套了，要不我帮你带个拥抱回来？

小宋明显不感冒。

80 后的小宋，享受青春的小宋。

动情处，男儿亦有泪

2006年2月，中央电视台《绝对挑战》栏目启动大型系列节目《巅峰营销》，为某乘用车公司招聘一名年薪高达百万元的营销总监。全国五千多名白领报名参与，迎接他们职业生涯中一次空前激烈的“绝对挑战”。

经过为期两个多月的四轮激烈竞争，百万年薪的十强选手最终诞生，然而等待他们的不是欢呼和祝贺，而是更为激烈的竞争和更为残酷的淘汰。在接下来的51天中他们要经过七轮考验，每一次他们都要完成一个特殊任务，每一次都会有一名竞争者被淘汰出局，最终只有三名选手能进入最后一个考场，而他们三人中将只有一人最后胜出，赢得百万年薪。

以下便是第三轮竞争之后的真实记录。

又有一名选手离开——这是每一次录完压力面试环节后所发生的一个现实，这是大家都预想到的。

大家没有想到的是压力面试的过程会如此剑拔弩张，更没有想到的是当被淘汰选手离开时另两位选手的情感流露。

这是第三轮淘汰，进入压力面试屋的三人都是男选手。

这是第一次。

节目开始录制前，我在走廊里碰到三位选手，看他们表情都相当轻松。看得出来，他们是想让自己放松，想让自己平和。

三位都来自这一轮比赛失利的队伍，这是规则规定的。既然输了，总得有人要承担责任，也意味着有人必须离开。

刚才还是队友，现在就成了对手。

其实不管是队友还是对手，都只是他们在不同阶段的不同角色而已。他们要做的，就是充分表现自己的实力。

火药味一开始就很浓。

意外的是，火力并不全是队员之间的，而多多少少是对着评审团来的。

看得出来三名队员都很不服，有很多委屈。他们说因为他们有很多不利的因素，如这一轮的比赛场地，对方有一名队员来自当地，意味着对方在主场，而他们在客场，这不公平。

“如果你们一开始就是这么想的，那么你们一开始就已经输了。”这是评审团的第一反应，他们在试图帮着找出失败的原因。

结果是重要的，但有时过程更重要。

三名队员自然要辩解，他们不同意评审团的判断，他们甚至质疑评审团是不是已经看到他们比赛过程的全部。

于是又一番的唇枪舌剑。

原本计划一个小时完成的录制，一直进行了两个多小时，其中大部分时间是评审团与队员之间的交锋。

交锋总有结束的时候。

该做决定了。

三名队员做出最后陈述，说明为什么自己不应该被淘汰。

与《绝对挑战：巅峰营销》十强选手及专家合影

队员暂时离席回避。三位评审现场进行协商，做出淘汰哪位队员的决定。

灯光、音乐、表情，甚至连桌椅此时都是凝重的，整个现场都很安静，就连平时多少都会有些动静的观众此刻也屏住了呼吸，整个现场只有评审团讨论的声音。

就算是在客场输了也是输了。职场中你可以选择战场吗？评审团有了这样的共识。

输了就要负责。谁应该负最大的责任，这是他们要做的决定。

十分钟过去了，评审团协商结束，选手被请回压力面试屋。

不知道这十分钟选手是如何度过的，还会有在走廊里轻松的表情吗？

走，还是留？

两周前第一位被淘汰的选手的留言是“勇敢者的游戏”，我相信这是真的。

如果是我，我敢去吗？我不知道。

三名选手落座。

按照程序，三位选手被要求说出：如果他们是评委的话，他们会淘汰谁。

三人中两位选择淘汰自己。

颇有点意外，又感觉这里面多少有些赌气的成分。

他们的选择并不能决定淘汰哪位选手，因为此刻决定已经做出，评审团的决定。

该宣布决定了，空气再次凝固。

来自招聘企业的评审代表三人评审团先对三位选手在整个过程中的表现做出了评价，优势和弱势都一一点明。

就算死也得死个明白。

不知道队员还有没有心思听下去。

很快企业代表完成点评，他站了起来。

三位选手也站了起来，此刻甚至可以感觉到队员的呼吸也在陡然间加重了。说不在乎结果在很大程度上就是一句气话，经历了这么多的挑战，谁都希望能再往前进一步。

此时我的心跳也加快了，尽管我已经知道结果。

是他。

企业代表将手伸向了他，用力握了握，并送上了祝福。

他转身从我手中接过机票，我也送上了祝福。

他转身离开，走到外面走廊，在自己的照片上写下了自己的留言，随后离开，随即打在那张照片上的灯光灭了。

他被淘汰了。

接下来看见的一幕让我很意外。

留下来的两位选手在大家眼中都是有着顽强个性的铮铮男儿，可这时他们的眼眶红了，泪水止不住地往下流。

能看出来他们想努力控制自己的情绪，但一切都是徒劳。

我拍了拍其中一位选手的肩膀，想安慰他一下。结果是他的泪水更加无法抑制。

不知道他们的感受。

是不忍看着队友离去？是庆幸自己的幸存？是感慨过程的艰辛？还是压力过后的一种释放？

个中滋味，只有他们自己知道。

决赛结束后所有工作人员欢呼中

绝对挑战——巅峰对决，这是一个勇敢者的游戏。

回见了您呐！

我来长春了，主持“汉语桥世界大学生中文比赛”闭幕式暨颁奖晚会。

以前来过“半次”长春，所谓半次是指当年上大一的时候坐火车去大庆社会实践经过长春时，我们在站台上站了会儿，好歹也算是踏上过长春的土地了。

“汉语桥世界大学生中文比赛”是由国家汉办主办的，国家汉办是教育部下属机构，而很多工作人员更是当年在教育部国际司工作时的同事，能主持这样的一场晚会自是感到十分亲切。

听说这次共有来自五十多个国家的一百多人参加了决赛，选手的中文水平自不必说，能杀入决赛总归是要有一定水平的。更绝的是他们的才艺表演，有表演唱歌的，有表演绘画的，有表演武术的，有表演舞蹈的，甚至还有说书的，个个都表演得像模像样。在晚会中，有一位选手演唱《勇气》，咬字清晰不说，还韵味十足，闭上眼睛，你根本听不出来是一位金发碧眼的“洋姑娘”在演唱地道的中国歌。

根据主办方提供的资料，目前全世界已经有超过三千万人在学习中文，而且这股热潮还在继续升温。

升温的好处之一就是很多游客出国的时候可以少担心语言的问题了，因为很多商店的售货员都会汉语，很多导游也会汉语，很多标识也都有中文。我自己就有过一次这样的经历，那次是在英国爱丁堡，听见身后有一个导游用汉语在解说，回头一看，竟是一个洋小伙在带着一群中国游客。我忍不住驻足听他说中文，却没想到他以为我要蹭听他的“服务”，还特意非常认真地跟我说：“对不起，我是为他们服务的。”言下之意就是：不许听！

小伙子，汉语说得不错，文化理解力还得加强。

不过这种升温同时也会带来一个“坏处”，那就是我们在国外再也不能“畅所欲言”了，因为汉语不再具有完全“保密性”了。

有一位朋友讲过一个故事，说的是他第一次去英国的时候，在被称为伦敦的“王府井”的牛津街上和朋友边走边聊，什么“老外如何如何”云云，忽见一位路人停了下来，说道，“哥们儿，在这儿你们才是老外！”说完转身接着就走了。这位朋友顿时惊在那儿，脑子一下子没转过来。可不，人家也没说错啊。

还有一个类似的故事，说的是两个中国人在国外某商店买东西，用英语问完服务员后两人商量着看能不能讲讲价，结果还没开口，人家店员就说了，“对不起，我们这儿不讲价！”纯正的普通话，一级甲等水平！

如今年轻人说再见的时候都习惯性地说“BYE-BYE”，如果哪天听到洋人张嘴来一句“回见了您呐！”，也不用太诧异了。

随性可爱的老先生

专访做完了。

这次专访是在美术馆附近的一个四合院完成的。说是四合院，却不是老建筑，而是现代新修的。听说经常有人先买个旧的四合院，然后全部拆了重建，这家四合院是不是也是这样的做法不得而知，但听主人说前几天这儿还是一片工地。

不明白为什么要把那么多的真四合院拆掉，然后再建一些巨贵无比的“仿”四合院。

还好这个院子里还保留了两棵树。

采访对象是国际著名长笛演奏家尼柯莱。此次是为了首届国际尼柯莱长笛赛而来到北京，同行的还有很多他的学生，个个都是赫赫有名的“腕儿”。学生都已经成腕儿了，而且比赛也是以他的名字命名的，足见他在长笛界的影响力。

此次比赛吸引了来自三十多个国家和地区的一百多名选手参赛，其中年龄最小的来自中国，今年只有十四岁，而且已经进入了第二轮。在采访尼柯莱之前，我先采访了一下这位小选手，聊了聊他对未来有什么打算，他说要继续努力走向国际，我说准备怎么走向国际，他说要提高自己的修养和水平，我说这次比赛进入第二轮是不是因为在主场而且年龄最小的原因，他说是靠自己的实力晋级的。小男孩回答问题时镇定大方，真看不出来只有十四岁。

不一会儿老先生来了，老先生今年八十岁了，看着依然精神矍铄，同行的还有很多这次赛事的评委，中外都有。

按照主办方的安排，当天上午现场是有个小型音乐会的。当然音乐会开始前先是各方致辞，这些都是固定程序。没办法，我们只有等。

接下来便是音乐会了。正好，采访之前先欣赏一下。

尽管是在四合院，但音乐家的要求和在音乐厅一样，环境要安静，不能说话，不能打手机，不能随意走动。

音乐声响起，感觉很悠远，很纯净，很轻松。在四合院听音乐会还真有不一样的感觉。

演奏结束，老先生说要先休息一下。接着等。

又过了十几分钟，主办方终于通知我们采访可以开始了。

老先生是瑞士人，第一语言是法语，第二语言是德国，第三语言才是英语。之前听说他不是很情愿说英语，很是担心了一阵。还好当时老先生心情不错，开始说英语了，只是法语口音很重。得努力听。

一起接受采访的还有他的弟子 Felix。

前几个问题还算顺利，老先生还认真听着我的问题，然后再给出回答。过了大概十分钟左右，老先生开始自顾自表达了，他说他很喜欢中国，他说各国应该保留自己的文化，他说了很多，基本没有理会我的问题。

没办法，只好顺着他的思路往下问。

Felix 很敬业地帮着把他师父的话又解读了一遍，并努力将其与现在的赛事联系起来。

这年头做人弟子也不容易。

正准备问下一个问题时门开了，另一个弟子走了进来。老先生站了起来，我也只好站起来。老先生给我介绍了一下他的弟子，我正跟他打着招呼，老先生忽然迈步，走了！

“我不重要啦，你采访年轻人吧。”老先生开门前说了这句话。口音依然很重，等我明白过来的时候，他已经站在门外了。

老先生太可爱了。

Felix 先生脸上有点哭笑不得的感觉，他应该不是第一次看见这种情况了。

“他太累了。”他解释说。

采访还得继续。我和 Felix 聊了起来，一下子顺了很多。Felix 先生英语没有问题，而且他也愿意表达。尽管采访出现了意外，而且问题也多半是计划外的问题，但沟通的感觉不错，只是回去编起来可能会有些麻烦。

收拾好机器走出房间的时候，看见老先生和他的中国朋友聊得正欢，显然老先生对这更感兴趣。

八十岁的老人了，当然随性就好。

四合院上空飞过一群鸽子，还有鸽哨的声音。早上的北京，感觉不错。

低头一看表，已过十二点。啊，已经中午了！

台上一分钟，台下十年功!

早上八点，拍摄《绝对挑战》节目宣传片。

搭档庞晔也在同天拍摄，拍的时候看来是吃了不少苦，因为导演给她设计的场景是拳击，还要真打。后来听化妆师说，她和跟她搭戏的演员真的打了，还都打着对方了，听说庞晔还一个劲地对对手说来吧，打吧打吧，没事。敬业精神可嘉，只是拍摄结束后好几天都没瞧见庞晔，不知脸上会不会已经青一块紫一块了。

还好最近没有录像任务。

导演没给我安排什么拳击的情节，在宣传片中我化身成了一名“京剧演员”，故事中有两个不同的“我”，两个喜欢尝试不同角色的“我”。

一直怀疑导演是不是把我和庞晔的角色弄串了。

按照事先的设计，宣传片中有一个桥段是两个“我”的打戏，可能是为了要表现我内心的“挣扎”之类的情绪。同样是打戏，我的动作设计和庞晔的又有所不同，既然我是一名“京剧演员”，在台上当然就用京剧的打法。

打戏看起来好看，说起来好说，但真打起来可没那么容易，尤其是京剧舞台上的武打戏。“打”可是京剧“唱念做打”四项基本功中的一项，没个十年八年的功夫要想打得好看根本就不可能。

但对我来说，拍这段打戏却不是什么问题，甚至可以说非常轻松。

因为，我有替身！

我都有替身了！我一直以为只有大明星才有替身呢。

但替身也不能替着把什么活都干了，要不要我干嘛。

所以有些事还得自己来。

化上京剧武生装，可以，我能行；

穿上武生行头，可以，我能行；

再来几个武生造型动作，不可以，我不会！

虽说只是几个简单的造型动作，要真做好也不是那么容易的。但这事只能我自己来，别人替不了我，因为这组镜头是特写。

导演简单提了几个要求，然后来自戏曲学校的在校大学生，也就是我的替身，就表演了几个动作，边做还边说，“就这几个动作吧，挺简单的。”

这叫简单？不是骂我么！您从小学就开始练了，我这几分钟前才开始练，能简单得了吗？

试了几下，果然还是不伦不类。

专业武生挠了挠头，又想了想，努力地简化了他刚才的动作，又做了一遍，看着还真是简单。

问题是看着简单可是一上手就不简单了。我只好用眼神向武生求助，武生坚决地说实在简化不了了。

没办法了，只好一遍遍地试，一遍遍地练，武生在一旁边看边纠正我的动作。

终于勉强通过。开拍了。

这时我所有的注意力都在动作上了，但还是十分生硬。脸上的表情此时已经顾不上了，还好

这真的是我的空架子

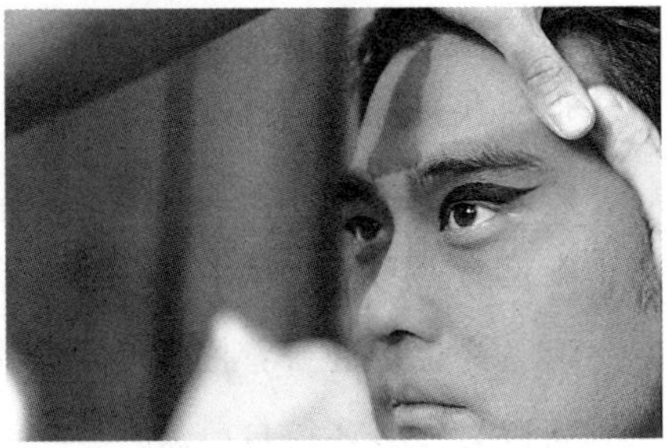

满脸都是油彩。

导演加上了双保险，近景拍摄，移动镜头，这样不至于把我显得太业余。

终于拍完一个动作，已是满头大汗。

“还有五个镜头。”导演很及时地来了一句。

啊?!

有一句话怎么说来着，台上一分钟，台下十年功。就是看似简单的这么几个动作，没有几年的功夫要想做好都是不可能的。再想想台上的京剧大师，在我们惊叹于他们在舞台上细致入微的表演时，谁又会看到他们为此付出的心血和努力呢。

No pain，no gain. 诚如斯言。

这次拍片的服装是由京剧院协助提供的，还专门来了两位老师帮忙。临走时，有人告诉我，两位服装老师也都是有着几十年舞台表演经验的资深演员!

算了，我还是干好自己的活吧。

天水陇上行

来天水是参加“中华情”晚会的录制。天水在我国西北，甘肃东部，被称为“陇上江南”。

从小就老听大人说起天水这个名字，但又不知道天水在哪儿，只知道那是一个很遥远的地方，去一趟不容易。后来长大了些才知道，原来外公的一个弟弟，也就是我的小外公，早年间去天水闯荡，后来就在那儿定居了下来。

听说我要去天水，母亲特意打电话来嘱咐说难得去一趟，一定要去看看小外公。可巧我还没从北京出发就接到了天水的电话，打电话来的是小外公的小儿子，论起来就是我的表舅。表舅说天水已经到处都是“中华情”演出的广告了，知道你要来，到了以后一定要到家里坐坐。

此次晚会的主题是伏羲文化旅游节，其中一项最重要的内容就是伏羲公祭，据说伏羲祭典活动在天水已经进行多年，但公祭还是近几年的事。当天的公祭更是请到了全国五十六个民族的代表以及全球各大洲华人代表来参加，盛况空前。

相传伏羲就诞生在天水，在卦台山创造了易经八卦，而伏羲更被认为是三皇五帝之首，因此在天水有公祭伏羲的活动也是自然之议。

天水的故事还不止此，相传女娲的故乡也在天水，说来也不奇怪，因为根据传说，伏羲和女娲虽是夫妻但本来原是兄妹，相距自然不会太远。

除了神话传说中的人物，天水还有众多的古迹，在天水古城内就有保存完好的汉唐直至明清时期的古建筑，而在天水境内据说有五百多处文化遗址。走在路上一不小心踢上个罐子说不定就是当年秦人用过的文物，因为这儿也是当年秦人的发祥地。不过，来到天水看见大家走路都是昂首挺胸的，想来当地人要比我坦荡得多，不会整天想着要捡点文物什么的。

天水没有机场，从北京到天水只能坐飞机到兰州，然后再坐四五个小时的汽车才能抵达。那天到兰州已是晚上八点，到天水时已是凌晨一点半了。第二天早上还要对稿，时间紧迫，休息要紧。

其实每次出差都像打仗似的，说起来算是去了很多地方，却总是不得亲见其美景，很是遗憾。

第二天上午和另外两位主持人对完稿，看到表舅已在宾馆大堂等我，同来的还有表姨。表舅数年前曾回义乌工作过一段时间，见过面。表姨多年前来义乌时曾见过，因时间间隔太久，对其容貌已无印象，只是记得她因从小在天水长大，义乌话是不会说的。表姨说她去义乌是二十年前的事了，我还在上初中。

我说去家里看看吧，去看看老爷子。小外公很早就已经离开义乌了，我一直都有听说，却从未见过。

天水并不大，市区人口据说也就几十万人，想想东北“大城市”铁岭也有两百万的人口，天水至多只能算一个小城市了。天水的地理位置也极有意思，坐落在两山所夹的狭小谷地上，渭河、藉河穿城而过，陇海线也穿过这里。在陇东地区有如此广阔的平地极为难得，更难得的是这儿还有众多水系穿流而过，这在黄土高原上实可算上天眷顾，因为有了水，一个城市就是活的。也难怪表舅嘴里一个劲儿说，我们这儿没别的，就是气候好。此言不假，抬头看看蓝天白云，不远处城市两侧的山峦也是清晰可见。就算没别的什么，气候好已是难得，想想在北京的晚上想要看见星空是件多么难得的事。

小外公住的地方就在渭河边上，老人家已经九十高龄，但看着精神还不错。

见到老人家自然要用义乌话沟通，虽是多年在外，但小外公的义乌话依然地道。聊了半天，表舅突然说老爷子听力不行了，怕是听不见我说什么，凑近跟前问道，你刚才听见小军说什么了吗，老爷子反应有些茫然，果然是听不太清了，只是奇怪刚才我们俩说话的时候我居然没觉得沟通有什么障碍，想来可能是老爷子有所感应，知道我要说什么。表舅说老爷子自从听说老家来人了以后心情一直不错。

照顾老人的是大表舅一家，听说大表舅在我两三岁的时候回义乌待过几年，按说当时我是没有记忆的，但看到大表舅时却觉脸熟，想想还是用感应解释吧。

聊了会儿家常就要起身告别了，因为还要回去备稿，还好他们晚上还会去看晚会。

西部天黑得晚，直到晚上八点半，天才逐渐黑了下来。

“中华情”晚会的演出在天水是一件大事，甚至都不用导演怎么暖场，观众的热情就已很高了。但可能观众情绪有点过于高涨了，现场迟迟不能安静下来，晚会倒是不好开场了。悄悄对两位搭档说，今天的场子热，言下之意是观众热情高会感染到台上的演员，包括主持人，这样还没开演已经成功了一半。

“中华情”晚会是一场演唱会，却和一般的演唱会有所不同，因为每一场晚会都会有一个主题，而主题表现在晚会的选歌上，更在主持人的串词中。在我们的串词中，有些信息是必须要传达的，这样难免少了些口语化的表达，多了些仪式化的语言。

观众很热情，场子很热，但似乎并不太关心晚会的主题是什么，更不关心主持人会说些什么。对很多人来说，这可能就是一场演唱会，就是一次可以近距离欣赏众多明星表演的机会，于是每当我们上场的时候，都会听到喧闹声不绝于耳，似乎是希望能按下“快进”键让主持人赶紧说完串词下去，好让明星早点上场。

这样的场面我们已经见怪不怪了，主办方希望在这样的场合传递一些信息，而观众则希望多看看明星。怪不了他们，只怪我们不是明星啊。

好在我们只是配角，观众和台上歌手的配合还是相当默契的，高昂的情绪互相影响，互动相当多也相当成功。晚会持续了将近四个小时，对我们固然是一次挑战，但对观众来说也是一场体力的考验，好在越到后半程出现的歌手分量越重，高潮频现，时常出现万人同唱一首歌的场面，这真是一个狂欢的夜晚。原来容纳一万来人的场地据说最终拥进了两万多人，以至于市领导们一直担心出现什么安全事故。

晚会结束时已近十二点，而观众仍然是意犹未尽，迟迟不愿散场，当我们的车驶出体育场时，仍有众多的观众围在出口处，希望能和明星们近距离接触。

又一场晚会结束了，又到过了一个新的城市，又有了一次新的体验。和以往不同的是，这次是天水，一个从小就熟悉却又很陌生的城市，是小外公的第二故乡。

希望表舅表姨他们也去看演出了，看到自家人在台上主持晚会，他们的感觉也会有所不同吧。

还是赶紧休息吧，第二天早上五点还要再坐四个多小时的车奔机场回北京呢。

追梦少年有点狂

朋友说从老家给我带了些东西，让我在电视台东门外等着他给我送来。到东门的时候朋友还没到，那就等会儿吧。顺手把出入证拿了出来，一会儿再进去还得用。

刚站不一会儿，一个小伙子忽然走到我面前。其实刚才出来的时候就已经看见他了，很委屈的样子，眼睛里都是泪，也没太在意。看样子小伙子也就十五六岁的样子，个子不高，瘦瘦的，头发不长，但很乱，穿着一件白衬衫，应该超过一个星期没洗了，脸上也是脏脏的。他就这样径自走到我面前，还没开口说话，两行热泪滚滚而来。

这阵势倒是把我吓了一跳，心里却是诧异，怎么没有大人在旁边？发生什么了？

“大哥，你是中央电视台的吧？”小伙子开口说话了，他可能是看见了我的出入证。

眼泪仍是止不住地往下流。

“我是。”

“大哥，能帮我一个忙吗？求你了。”看我搭话了，小伙子继续问。

以前在路上也遇到过类似的情况，要么说问个路，要么说求帮个忙，不管怎么说，最后总会落在饿了好几天了希望大哥给点钱什么的。刚开始遇到这种情况还给了几次钱，后来却好几次看见同样的人在不同的地方拉住不同的人在“诉说”着同样的故事，于是再有人拉住我讲故事我都会多一个心眼。

难道这小伙子也是来“讲故事”的？

“怎么了？你说。”到底是怎么回事，先听听再说。

这一问不要紧，小伙子哭得更厉害了。我问他话，他却只顾着哽咽，什么也说不出来。

一看更是一惊——这是怎么了？一个小孩能有什么天大的委屈啊。

“你怎么了？有什么事？你说。”我又问了一遍，看着他。

好一会儿，小伙子才轻声说道，“我是来找博林的。”

“博林？哪个博林？”应该不是教洛桑学艺的那个博林吧？

“就是洛桑学艺的那个博林，洛桑的师父。”还真是那个博林。

“你找他干什么？”

“我想当他的学生，洛桑会的我全会。”

断断续续中小伙子告诉我说他来自东北，今年十八岁，初中毕业，去年八月份就来北京了，还是瞒着家人出来的，一年来一直在北京站地下通道卖唱为生。希望找博林学艺，但不知道怎么找到他，希望能碰到一位中央台的记者帮他做一期节目，这样博林老师就可以看见他了，就可以知道他想学艺了，就会收他作徒弟了。

原来是一位追梦少年，只不过这梦追得有点疯狂。

“你这样就算找到博林老师他也不会收你的。”博林要是这样收徒弟，整个中央台都装不下了。

“他一定会的。”小伙子眼泪依然止不住地往下流，看来是好久没有人愿意听他说这番故事了，心里一定充满委屈，但言语中却有一丝倔强。

似乎是为了证明他说的是事实，小伙子说着就要给我演一段，合起双手放在嘴边，模仿起洛桑的拿手好戏——长号。

还真有几分像，可就算学得再好，也只能是“模仿”洛桑，观众不需要另一个洛桑，更何况自从出了洛桑以后，有这两下子的在全国还不得成千上万。

可实在是不忍伤害小伙子的信心。

“博林老师知道你在找他吗？”

说到这儿小伙子开始支吾起来，后来终于说出在沈阳的时候已经通过沈阳电视台的人找到过博林。

“博林老师怎么说？”

“他说让我回家先学习。”

对嘛，当然是这个回应了。

可小伙子不甘心，又从沈阳追到了北京，明知前方没有路却硬要往前闯，撞了南墙仍不回头。

精神可嘉，但也只是精神可嘉。

“博林老师都已经这么说了，你在这儿等着还有什么用？就算等到了他也不会收你的。现在连自己都养活不了还谈什么学艺？这么大的人了应该明白不能让家人这么担心！”

没办法，必须说几句重的了。有梦想是好事，但这样不管不顾不计后果的追梦方式绝对不该鼓励。

小伙子不说话。

说话间朋友到了，又对小伙子交代了两句后径直走向朋友，聊了一会儿拿上东西，回头却发现小伙子跟了过来，站在旁边，依旧是泪光盈盈。

“大哥，能帮我最后一个忙吗？”小伙子怯怯的。

“说吧，什么事？”

“大哥，能给我 50 块钱吗？我好回沈阳去。”

拿出 50 元递了过去。要是这 50 元能让一个追梦少年多一份踏实，能让他的父母少一份担心，也算是物超所值了。

从始至终，小伙子一直泪水涟涟。

下班经过东门的时候特意往门口看了看，小伙子已经走了，希望他真的能回东北，能够踏实地开始新的生活。

我能做的也只有这些了。

追梦少年，祝你好运吧。

在海上最浪漫的事

十八个小时是我们在回来的路上计算出来的。

所谓十八个小时是指我们从北京出发到塘沽，工作结束后再从塘沽回北京所用的时间，之所以这么赶是因为这几天在北京有工作，而在塘沽的外景如果不做的话编导就没米下锅了。这样的节奏对在电视台工作的人来说都已经习以为常了。小时候看电影时经常看到这样的场景：部队首长给攻城部队下达命令：必须要在N小时内攻克据点，为大部队进城扫清障碍！标准的经典回答是：保证完成任务！这次去塘沽拍摄就很有些电影里的气势，因为领导说了：拍摄必须要在周二完成！经典台词的上半句既然已经说出，那我们应对的当然只能是下半句了：保证完成任务！

此次拍摄的企业是一家海上石油公司，而塘沽是其一个重要基地。

塘沽是个海港。说到海，很多人马上会想到轮船，顺便就想到了泰坦尼克，然后再顺便联想到Jack跟Rose，再然后再顺便联想到浪漫的爱情故事。由此看来，“浪漫”一词已经深深地刻在海面上了，而且这种传统由来已久。多年前广为传唱的《军港之夜》，就因为浪漫地说了句“年轻的水兵头枕着波涛，睡梦中露出甜美的微笑”，就引发了多少青年男女要在海上浪漫一生。

这次拍摄居然就让我们碰到了一位从小立志要当船长的“传奇人物”。“船长”今年正值不惑，而在十六年前，两次高考不中的他已经在家务农六七年，却始终不能放弃当船长的梦想，只身来到塘沽，由一名农民摇身一变成了一名水手。他的梦想是当船长，成为水手只是他实现梦想旅程中的第一步。在接下来的日子里，他不断努力，从水手变成三副、二副、大副，终于在2002年，在经过了十一年的不懈努力后，他实现了自己儿时的梦想，成为了一名船长。在接受采访的时候，身着工作服的船长意气风发，而说到自己的奋斗历程时又有一些羞涩，但眼神里分明写着“自豪”二字。他当然有理由为自己感到自豪，从最广义的角度来说，也许这个过程就是他最浪漫的事。

然而“浪漫”更多存在于电影电视或文学作品中，存在于我们的脑海里，对需要在海上讨生活的人来说，在船上的生活远谈不上浪漫。这家石油公司下属有不少企业，分别负责不同阶段的工作，有专门负责探油的，有负责搭建平台的，有在平台上作业的，也有往返平台与陆地间运送补给的。不管做什么工作，都意味着他们要长期在海上生活，或是在采油平台上，或是在船上。

此次采访我们有幸登上了他们搭建中的平台，也去了他们的补给船上进行拍摄，上船后的第一印象就是——挤。为了节省空间，楼梯、过道都尽可能地狭窄，两人交错得侧身才能通过。宿舍是四人一间，甚至比我上大学时的宿舍还要挤。协助我们拍摄的工作人员一个劲儿解释说，这是80年代造的船因此条件比较差一些，现在的条件要比这个好多了。我相信他说的话，时代在进步，相信船员的条件也在不断改善。

物质上的困难对船员来说并不是最大的困难，他们最大的敌人是孤独感。由于工作的特殊性，他们往往一出海就是数十天甚至数月，船上的工作本来就很辛苦，而工作之余又无其他去处，如何打发时间成了最大的难题。我说既然来到了海上，钓钓鱼喝喝酒不是件很惬意的事吗？很多富人买了游艇不就是为了能这样吗？接待人员笑笑说，出于安全方面的考虑，在船上钓鱼和喝酒都是明令禁止的，违者要接受重罚。但如何打发时间显然是一个不容回避的问题，常常听说带上船的几份报纸被来回传阅，甚至中缝的广告都会被看不下几十遍，而且还是逐字研读。好在现在船上的条件已经有所改善，船上空间虽说狭小，但还是安排了乒乓球室，宿舍里有电视机，有的甚至还可以上网。但不管如何改善，船上的生活远不如陆地上的生活舒适。在船上工作的很多都是年轻人，这次拍摄我没有机会问他们为什么条件如此艰苦还在船上工作，不知道他们是否和传奇船长一样心中存有一份梦想，还是他们都如 Jack 一样，在等待 Rose 的出现?

海上生活自然是艰辛的，而对留在岸上的家属来说，生活也是殊为不易。这次拍摄我们也采访了其中的一位家属，她的丈夫也是一名船长。作为船长就意味着要比其他人担负更多的责任，付出更多的牺牲。如果说普通船员数十天最多两月就可以回家一次的话，船长总要数月后方能回家，而最长一次更是长达十个月没有回家。我问这位阿姨有没有怨言，她说没有，她说既然知道丈夫的工作性质就要理解他、支持他。我又看了看她，不禁又有些怀疑，不知道她是不是因为要上电视所以才给我“标准答案”，我又追问了一句：“您真的没有怨言?”她坚定地重复了一遍“没有”。后来我问同行的接待人员，他说也许现在年轻的一代对此无法理解也无法做到，但她们那一代的家属真的有这样的“觉悟”，真地理解出海的丈夫，就算再有抱怨，也都会被装在“理解”的柔情里不露痕迹。我似乎也理解了，我知道坚忍一直都是中国女性的美德，也许对她来说，守候就是最大的浪漫。

最著名的那首歌里唱道“我能想到最浪漫的事就是和你一起慢慢变老”，在卡拉 OK 演唱这首歌的时候，我们或许从未去想过什么是真正的浪漫，而对于生活在海上的人来说，他们或许从未听过这首歌，但他们的心中有一份永远的坚持，眼睛里有永远的守候。

这就是海上最浪漫的事。

海外风光

喜欢做主持人，不仅因为这是一个从小就有的梦想，更因为这份工作带给我的生活方式。它可以为我提供一个相对独立的空间实现自己的想法，它可以让每一次的工作都变成一次自我充电的过程，它也可以让我有机会四处走走看看、了解世界。以下几篇文章就是在行走时的一些记录……

维也纳金色大厅与二人转剧场

去维也纳金色大厅是一个奇妙的经历，奇妙之处就在于这好像已经成了一项到维也纳的规定动作，尤其是中国游客，到了维也纳就一定要去金色大厅，就像到北京一定要去长城、到伦敦一定要去塔桥、到巴黎一定要去看铁塔一样。但维也纳金色大厅是一个表演场所，去那儿是要看演出、听音乐会的。听音乐会毕竟不同于参观景点，到景点去了至少还可以拍个到此一游照什么的，然后一走了之，而音乐则不同，看不见摸不着的，这是艺术，阳春白雪，咱能不能欣赏还在两说，何况票价还不便宜，每人 20 欧元也只能坐到乐队后面的角落。听说欣赏音乐会还有一堆着装要求——要着正装出席以示隆重，也不知道是谁定的，太不为游客考虑了。

犹豫了半天，去还是不去？最终决定，还是去吧，来都来了。

下一个问题：要不要带上正装？要不要打领带？犹豫再三最终决定，带，去都去了，就按规矩办。全套的：西服、衬衫、领带。全都带来了，不差一星半点的。

我的此次出行先到了捷克，最后一站是维也纳。从北京到布拉格，再到捷克自然文化遗产小镇 Krumlov，最后到维也纳，辗转多日，终于到了听音乐会的这一天。穿上西服，打好领带，向金色大厅出发。

容易么我?！小心伺候西服这么多天不让皱了就为了今天。

就像费尽周折做了一顿晚饭，结果用了不到十分钟就完成了吃的过程一样，不到两个小时，我们就完成了音乐朝圣之旅。音乐会还不错，至少我还没睡着(就我的音乐素养也就能拿这个当标准了)。坐在金色大厅里听着交响音乐会，忽然有了一个奇妙的想法，金色大厅好像和东北的二人转剧场有着异曲同工之妙。

首先，两者都是到当地旅游时的必选动作，到维也纳得去金色大厅听音乐会(至少对中国游客是这样)，到东北不都得去看看二人转嘛。而且两者都是名声在外，本地人不一定老去，但游客多半会去。

其次，两者都善于将有限的空间利用到极致。到了金色大厅才知道，电视上金碧辉煌的大厅实际看上去竟然有些破旧，舞台的木地板已经磨得现出木材原色，只有屋顶的水晶灯和豪华装饰才能略微让我们联想起脑海中的音乐圣地。更要命的是，金色大厅的空间狭小，满打满算正式的座位也就 2 000 个。但金色大厅的经营者显然充分感受到了来自世界各地的音乐朝圣者（或是像我们这样伪朝圣真到此一游的游客）的热情，如果因座位数太少而不能让更多人去大厅显然是驳了众人面子，于是经营者展开思路想法子。圣人曾经曰过，只要想，办法总是有的。苦思冥想后解决方案终于出台：正式座位区两边增加新的座椅，二楼再增加座椅，谓之：包厢！

够了吗？还不够？再来，在舞台后面，二楼，加上几排折叠椅。看不见乐队了？那有什么关系，听音乐会嘛，听就行了，再说你不还可以看见指挥嘛！

够了吗？还不够？再来，在“包厢”第一排固定座椅后再加一排折叠椅。

够了吗？还不够？在这排椅子后面再来一排。挡住视线了？没关系，把椅子做高点，变成高脚凳问题不就解决了吗？

够了吗？还不够？哎呀，观众实在太热情了，但也实在是没地方再放椅子了，干脆这样得了，在一楼，正式座位后面还有块空地，可不能浪费了。你们实在要来，就买站票吧，站那儿看，正对着乐队，位置好！看不清？站着有点累？

兄弟，想什么呢，我这儿站票还便宜呢！再说了，这是金色大厅啊，你好歹也来过金色大厅了！

是不是真是这样的过程，咱只能姑妄猜之了，但整个剧场座位安排得满满当当却是事实。

世界上所有的经营者应该都是一个学校毕业的，这种既能满足观众要求又能增加收入的一举两得之措施自然也是东北二人转剧场的首选。有一次去长春主持节目，工作之余一个人跑到剧场去看二人转，结果到的时候演出已经开始，座位票已经卖完了，只有“加座”，五十一位。加座就加座吧，反正看的是二人转，不是看座位。检票后工作人员带着我三绕两绕来到我的“座位”——一个马扎大小的小板凳，位于剧场前后区中间的过道中。到的时候发现那儿已经坐了一排人，领位员问了句，这儿有人吗，答曰没有。领位员转头冲我说，就这儿吧。坐下一看，还真不错，在中间位置，后面还有靠的（后排的长条桌子），离舞台也不远。五十块，加座，不错！

忽然想到侯宝林先生的相声，他们要再火下去，谁知道会不会卖“挂票”呢。“挂”得高，看得远，也不错啊。

不管是听音乐会还是看二人转都有自己不成文的规矩，让我们大为头疼的服装问题就是其中之一。也不知道是谁说的，说西方人听音乐会都是西服革履的，以示隆重。这是从什么时候开始的规矩估计是无从考证了，但既然是人家的艺术形式，又是在人家的地盘上，那还是入乡随俗吧。我去的那天也是，穿上了小心伺候了一路的西服、打了领带来到金色大厅，到了门口就觉得不对——怎么穿什么的都有?！找到座位坐下来后更觉得不对劲，周围竟没有一个穿西服的！我们的座位在二楼“包厢”第二排，看样子坐在这片区域的都是和我们一样的“伪音乐朝圣者”：游客。既然这样，虽说大环境的规矩得考虑，但小环境的氛围也得顾及啊（累死我了，这音乐会听的），周围都是牛仔裤，我还打着个领带！摘了！——舒服。

话是这么说，但毕竟这已经是一个约定俗成的规矩，大家多多少少都得看着点。同样的，二人转剧场也有自己的服装规矩，那就是——舒服就行，绝不穿西服。看二人转本就是一种极度放松的经历，而西服革履的显然与气氛不符。

除了着装的规矩，还有现场的规矩。

在二人转剧场，虽没明说，但显然所有台上的演员都希望与观众有良好的互动，观众 High 了，演员会更疯。演员唱到动情处或是要到兴起时，观众就得适时地叫个“好”，鼓个掌，该笑笑，该叫叫。你想啊，如果演员面对的是一群超常“理性”的观众，纵是你累破了嗓子都不苟言笑的话，那是一个多么无趣的过程。

听音乐会的规矩就更多了，什么不能接电话，不能大声说话，甚至不能在“不当”的时候鼓掌，整得有些让人不知所措，各项规矩总结成一条，那就是现场不能出声音影响到现场音乐家的情绪。常常看到国内媒体说著名交响乐团来中国演出时遭遇热情观众“不适时”的热情掌声，这样的报道多了，如我之辈只能自作聪明地决定，反正我也不知道什么时候可以鼓掌，那我就等，等别人鼓掌了以后再动总不会有错了吧。只是如果全场观众都和我想得一样——都等着别人先鼓掌的话，那乐队得发毛了：怎么观众没有反应？哪儿演错了吗？

不能随意鼓掌，清嗓子咳嗽就更不能随便了，如果乐队演出正酣，只听得咳嗽声此起彼伏，岂不是大煞风景。看样子清嗓子咳嗽什么的只能在乐章间歇的时候抓紧时间解决。那天一听，果然如此，一个乐章刚刚结束，只听得阵阵理直气壮的咳嗽声从远处近处一楼二楼传来。诧异中：空气没那么干哪，我也没觉得有什么咳嗽的冲动，莫非……莫非这也是约定俗成的规矩，以示我们“懂规矩”？等一下个乐章再看看，果然还是如法炮制，既然这样……“嗯……哼!”咳一个!规矩嘛，咱也明白了。嘿嘿，又学一招。

音乐会咱听了，金色大厅的。

二人转咱看了，东北剧场的。

金色大厅音乐会，大雅。

二人转演出，大俗。

殊不知，大雅到了极致就是大俗，大俗到了极致就是大雅。

金色大厅，二人转剧场，殊途同归罢了。

空中惊魂记

常在河边走，哪有不湿鞋。这是句谚语，说的是经常接触某件事物，受影响的机率会比较大。

经常坐飞机，哪有不遇事。这是我编的，说的是经常坐飞机，遇到状况的时候总是有的。

最近出行较多，常坐飞机，于是就遇到了状况，万幸只是个状况，有惊无险，我们终于没有上报纸头条，否则也不可能在这儿码字了。

每次坐飞机心里都难免有些不踏实，毕竟是在几千米上万米的高空。那是什么概念——差不多十公里的高度，万一有个什么闪失，那可是叫天天不应、叫地地不灵，因为那会儿真是上不着天、下不着地。后来看见好多资料上都说坐飞机是最安全的出行方式，事故率仅有三百万分之一。不过资料上说的都是“重大”事故率，可是没说“一般”事故率。不知道“一般”事故率是多少，更不知道飞机在空中飞行时发现“一般”事故的机率是多少，反正我就赶上了这么一次，反正飞得再多我也肯定没到三百万次。

飞行路线是从北京到巴黎。

从出关到上飞机到前半程都还算顺利，中途稍有颠簸，都是气流惹的祸。

不常坐外航的飞机，发现空姐的服务还真有些不一样。上了飞机广播里就一遍遍提醒乘客要坐下，以便空姐清点人数，这都是规定动作。只是空姐们好像一定要乘客坐下才能清点，一见有人站起来，就算没有离开座位，空姐也会暂停数数，要不就摇摇头叹口气，从头再来。

坐着是一个人，站着不还是一个人么，只要不离开座位，有什么差别吗？

不过这可是人家的工作方式，无可厚非，可能工作手册上就是这么规定的吧。

飞机上提供的餐食还是不错的，一共两顿正餐，有法餐和中餐供选择，还有红酒，一给就是一瓶，当然是小瓶装的。两顿正餐之间如果乘客有需要，还可以去飞机中部自助区取食。

用完餐后小睡了一觉，飞机上总是睡不踏实，一晃就醒。微渴，来到自助区要杯水喝。有一空姐正在整理些什么，看见我过去异常紧张，说赶紧回到座位上去系好安全带，我说我就要杯水，空姐转身帮我倒好，递给我，同时又强调一遍，赶紧回到座位上坐好系好安全带。

微觉诧异，但也没有多想。当时安全带指示灯还亮着，可能是工作手册规定空姐在指示灯还亮着的时候必须提示乘客坐下，就像刚才清点人数时一样，讲究规则。

飞机上大多是西方乘客，也有部分中国乘客。不知道是不是快到新年了，飞机基本已是满座。

坐在我们旁边的是一位老太太，看样子是一个人到中国旅游或出差什么的，聊了几句，英语还不错，一时听不出来是哪国人。前排有三人，一位中国姑娘，坐在靠窗的座位，另两位年轻小伙子，可能是法国人，应该也是刚刚从中国旅游回来的。在他们前面就是紧急逃生门，从窗户看出去正好是机翼。

过了一阵儿，忽然看见过来几个空姐，扒着窗户往外看，紧接着前排的中国姑娘和她们在说着什么，说的是法语，一句都听不懂。

难道有什么事？

但见姑娘和空姐们聊完后还有说有笑的，表情轻松，一会儿空姐们也都散去了。

看来可能是姑娘自己的事。

正想继续再睡，忽觉耳膜有些胀痛。

嗯？下降了？快到了吗？不是要十个小时吗？看看手表，也就飞了八个小时左右。

正在诧异间，广播响了——由于飞机机械故障，飞机将紧急降落于俄罗斯圣彼得堡。然后就没了下文，飞机继续飞行，下降。

机械故障?!

机上的乘客都已回到自己的座位上，扣好安全带。我的手心里都是汗。

有一阵儿坐飞机时就连遇到颠簸我都会手心儿出汗，坐飞机时也从来不看有关空难的书或电影，而这次……

机组不再提供任何进一步的消息，甚至都不再重复刚才的通知，只是继续下降。

机舱中很安静，没有人说什么，大家都是静静地在座位上待着。这时候说什么都没用，期待飞机安全降落是真的。

一会儿，空姐过来和前排的几位又说了点什么，然后回到她自己的座位上坐好，系好安全带，她的座位就在紧急出口边上。看她表情没什么异常。

刚才那位中国姑娘应该是发现了点什么才和空姐沟通的。但看她们说完后仍是笑容可掬，表情轻松，我们也暗自松了口气。应该不会是什么重大的问题吧？

但再怎么样飞机总还是要迫降，迫降就不是什么好事。究竟是因为什么，机组也没有给出原因，不过就算给了原因又能如何，“机械故障”终究还在，飞机终究还需迫降。

每一次坐飞机都会有隐隐的担心，没想到这次真的是碰上了。脑子里闪过各种空难镜头，以前那些只是报纸上网站中的文字而已，而今天？……不敢多想。

要不问问那位姑娘刚才她们说什么了，是什么问题？

还是算了吧，徒增烦恼。

飞机继续下降，云层很厚，好像天气条件也不是很好。

迫降时应该已经是当地时间傍晚四五点钟了，但因为地处北部且逢冬季，圣彼得堡早已被黑暗笼罩，只看见星星点点的灯光闪烁。

飞机越来越接近地面，机身晃了一下，然后是一阵机械声，可能是打开起落架的声音，但依然飞行平稳。

终于，飞机着陆了，又晃了两下，应该是在找平衡，但终于稳住了，滑行，飞机来到预定机位，停住了。

安全着陆了！没出大事！不用上头条了！

心中一块石头落地。舱内有人带头鼓掌，大家纷纷加入，为自己庆贺。

广播再次响起——我们已经降落在俄罗斯圣彼得堡机场，请留在座位上等待进一步通知。

这时候也做不了什么了，等吧。好歹是安全的。

不知道经过多长时间，广播响起——经检查确认，我们的一个发动机发生故障，本架飞机确定不能继续飞行，我们将安排其他飞机将乘客分批送往巴黎，请大家暂时在座位上等候安排。

继续等。过了将近一个小时。

广播响起——根据最新的安排，我们将安排一架飞机从巴黎飞来本站，接所有乘客前往巴黎，飞机将于五个小时后到达。鉴于候机楼内没有为乘客准备饮食，我们建议所有乘客留在机内，我们稍后将为大家提供餐食。

好么，五个小时，在飞机上等。

可是除了这样还能怎么办。

坐在旁边的老太太明显心情不错，津津有味地看着机上娱乐系统提供的动画片，说道："Things could have been much worse!"（事情没比现在更糟糕就万幸吧!）

问了问前排的姑娘刚才到底发生了什么事。姑娘解释了一通，庆幸刚才在飞机上没问。

原来姑娘说当时她看见发动机喷出一个火球，看不清多大，但肯定是一个火球，空姐当时就是来看发动机有什么问题。后来机长就关闭了那个发动机，我们是用一个引擎降落的！

听说了法国正在闹罢工，没想到发动机也罢工。

姑娘还说我们着陆的时候几辆消防车就在后面跟着！

姑娘还说刚才下降前空姐过来就是请求坐在紧急安全门旁的这几位乘客一会儿必要的时候要协助乘客从安全门逃生！

…………

原来如此！我去拿水的时候，空姐应该就已经知道是怎么回事了，难怪会如此紧张。不过还是佩服空姐依然能保持镇静，避免了乘客恐慌。佩服机长技艺高超，仅靠一个引擎还是让飞机安全降落。更佩服前面这位中国姑娘，发现发动机冒出火球却仍能保持如此冷静。

正如旁边那位老太太所言，Things could have been much worse，但终于那一切都没有发生，现在我们是安全的。

可能飞机上的乘客都是这样的想法，所以尽管我们被带到完全陌生的圣彼得堡，尽管我们必须在飞机上等五个小时，尽管很多需要在巴黎转机的乘客已经被耽误了行程，尽管大家都很累，但飞机上没有出现什么混乱，该用餐用餐，该睡觉睡觉，秩序井然。

想象一下可能发生的结果，这已经是最好的结果了。

五个小时后，一架空客340飞机从巴黎飞来圣彼得堡，数百名乘客依次上机，两个小时后，飞机抵达巴黎，此时已经是当地时间凌晨三点。

所有乘客拿上行李，四散。

Things could have been much worse. This is the best we can expect.

补记：有几位乘客的行程真的被耽误了，他们找到空姐问会怎么安排，空姐依然笑容可掬，说你们先去拿行李，机场会有人接待，都会有安排的。等到这几位下了飞机拿上行李却不知道该找谁，看见一个工作人员模样的人，上去就问，结果对方态度超好，说了一通，但就是没说有什么特别的安排，说完还是笑容可掬地走了。这几位也只好作罢，笑称空姐和刚才这位应该都是学过太极拳的。

普罗旺斯的丽江

在巴黎待了两天，乘坐高铁直奔法国南部，目的地——Aix en Provence，即普罗旺斯的艾克斯。普罗旺斯这两年在国内声名鹊起，已经成了很多人的旅游必选之地。对很多人来说，普罗旺斯不再只是一个地名，它更代表着一种简单无忧、轻松慵懒的生活方式。只是我们来的季节不对，如果是初夏，定能看见满山遍野的薰衣草和向日葵。

艾克斯是普罗旺斯的前首府，是一座拥有林荫大道、喷泉、华宅的中世纪古城，斑驳的建筑外墙和随处可见的石板路无时无刻不在诉说着古城的历史。城市不大，我们住的酒店就在老城边上，出门右转，过条马路就到了古城。古城面积也不大，街道狭窄，但颇具特色，两边店铺林立。

可能是受到地中海的影响，冬日的艾克斯气温并不低，太阳照在人身上，暖洋洋的，让人不由得心生倦意。本地人当然知道如何享受大自然的恩赐，或一杯咖啡一份报纸，或三五成群天南海北，反正这样的时光就是用来“虚度”的，否则浪费了这么好的太阳未免有“暴殄天物”之嫌。

艾克斯拥有千泉之都的美誉，早在12世纪时就建了许多喷泉。据说艾克斯在古代拉丁语中是泉水的意思，所以 Aix en Provence 其实就是普罗旺斯之水。有人说艾克斯的水是全法国最好的，是否名副其实不得而知，但走在街头，大大小小的喷泉却是随处可见，所有的喷泉都有造型各异的雕塑，据说都是用当地特产的一种白色石材修建而成，且没有哪两座喷泉的雕塑是完全一样的。艾克斯泉城的名声很响，但却毫不张扬，只是静静地分散在城内各处，安静却又弥漫着浓郁的文化气息，难怪几个世纪以来那么多的艺术家会甘心落户在这里，其中就有著名的印象派画家塞尚。

艾克斯是塞尚的故乡，生于斯，长于斯，逝于斯。看得出来，小城对拥有塞尚充满自豪，塞尚的痕迹无处不在。有以塞尚命名的喷泉、旅馆、餐厅、咖啡厅，甚至随时可以在路上看到刻有塞尚名字的铜钉，沿着铜钉，就可以到达塞尚生活过的许多地方，如塞尚出生的公寓，塞尚接受洗礼的教堂，塞尚学法律的大学，塞尚办画展的展厅，塞尚最后的住所，直至塞尚的墓地，就连塞尚父亲的帽子店，塞尚儿子的公寓都能轻松找到。许多地方尽管只剩下一个牌子，但上面也清楚地写着从哪年到哪年，塞尚曾经在这里做过什么。不禁感动于古城人的历史保护意识，也感叹于现代人消费古人的功利心。

如此众多的古迹要想全看是看不过来的，但塞尚画室不能不去。画室位于古城外的小山腰，从外部看毫不起眼，推开小门就是一个院落，一栋两层小楼依山而建，画室就在二层。画室不大，据说画室基本保持了当年的原样，屋内陈列着画架、工作服以及一些瓶瓶罐罐。我们上去的时候正好有其他几位游客在参观，有一位工作人员在讲解，只是他们说法语，我们听起来简直是天书，但从手势中可以看出，工作人员说的是塞尚的许多画作都是在这间画室完成的，我们眼前的道具和塞尚油画中的静物完全可以一一对应。忽然有一种时空交错的感觉，就像真的看见一百多年前的塞尚就在这间屋子里，面对的就是这些静物道具，就在我们眼前的画架上，创作着一幅幅流传后世的著名画作。

离开画室，步行二十分钟又回到了古城。古城有一家据说当年塞尚常去的咖啡馆，名叫 Café des Deux Garçons，塞尚还曾为它作过一幅画。为了招揽生意，老板还特意把那幅画的复制品放在门口。上前仔细端详一番，果然没错，就是这里，一样的场景，一样的桌椅，甚至连阳光都是一样的。只是看着眼前的咖啡馆，再看看画中的咖啡馆，竟觉得真实的咖啡馆反倒是比输了，似乎少了一份质感，而画中的咖啡馆却好像有了生命，在低声诉说着什么。

我忽然想起了丽江，看着两个古城竟很有几分相似。丽江没有塞尚，艾克斯也没有古乐，但这两个城市都有的是历史的底蕴和从容的阳光，它们都是为生活而存在的城市。大家喜欢古城，因为在那儿，人们能找到一份轻松、散漫、自在、惬意。

新西兰，且听我忽悠

得到消息时我的第一反应是“没开玩笑吧”。

那时我正全力准备第二天在新西兰的“中华情”演出，在驻奥克兰总领馆为代表团举行的正式欢迎晚宴上，觥筹交错间，导演突然说了句“你明天晚上可能还需要到外面主持一下”。正想再问细节，导演已经忙着和其他桌“交错”去了。

直到半夜，才从导演嘴里问出一些眉目：原来晚会举行的同时，在室外体育场要举办当地一年一度的烟火节，现场将有来自奥克兰当地近两万名观众，多是父母带着孩子前来观看表演。而主办双方经协商后一致同意由晚会节目组带着四五名歌手前往助兴，同时烟火节的烟花表演也可以为晚会添彩。所谓“晚会节目组”具体就落在我头上了，而我还要负责调动现场的气氛。

脑海里马上有一幅画面：

晚会进行到一半，我和几名歌手，来到室外舞台，台下有近两万名观众。当地主持人介绍几句，我们上台，我再说几句，然后就唱歌，然后走人。

脑海里又出现无数的问题：

——要用英语调动现场气氛？还从来没有尝试过。

——用什么方式？一直面对的都是中国观众，最多其中“点缀”几个老外而已。

——我的方式会不会太中国化？在中国观众那儿屡试不爽的招数在这儿会灵吗？

——当地观众会配合吗？如果不是用他们习惯的方式和语言，他们会有反应吗？

——如果下面没有反应我应该怎么办？我还继续吗？还是就直接报节目？

——如果我英语卡壳了应该怎么办？用英语表达是一回事，用英语主持并调动出气氛来就完全是另一回事了。

当天没睡几个小时。

第二天上午很早就来到现场，因为要与新方主持人对稿，商量晚会上如何配合。总有点心不在焉的感觉。

离晚会开始还有一个小时，导演组方面突然传来消息：由于时间关系，我们在体育场原定二十分钟的表演调整为只有七八分钟的时间，同去的也仅有两名歌手，不过我在介绍歌手之前的环节还要保留，但要控制时间。如果超时，将没有回旋的余地，因为新方安排好的激光表演将准时开始，所以届时可能出现的状况就是我说话说到一半或是歌手唱到一半就被激光表演所打断。

难度骤然增加。

室内的晚会准时开始，进展顺利。进行了大概一个多小时，副导演通知我该去外景场地了。

Show time!

从舞台到外景地要经过一段走廊，还要坐电梯，再绕几个弯儿，还好有人带着。我想象着外面这时候应该是人头攒动，台上有人在演唱或表演什么的，演完了以后，有个主持人上台介绍我们，然后就该是我的了。

来到外面，感觉有点不对劲，没有灯火通明，也没有人在表演。满体育场倒都是人，都是家长带着孩子，但大家只是各自坐着，各自聊天。

心里一沉，就这样的气氛？

上台前和当地的主持人简单沟通了一下，他甚至都没有上台，只是通过话筒向现场的观众介绍，现场仍是一片嘈杂，好像根本没有人在听。

该我上舞台了，心里有点没底，因为这根本就不是我们习惯的舞台。

所谓舞台，其实就是体育场跑道，支了灯，架了摄像机。从当时我所在的方位走到“舞台”大概有五十米的距离。

不知道一会儿有没有人听。

追光灯打了过来，全场的人都看见我了，我知道该我了！

自认为最大的本事就是就算心里没底我也会全情投入演出，至少我要用我的热情感染一片，有几个算几个。

“Kia Ora，AUCKLAND！！！”

这是用当地毛利语向奥克兰问好，刚向新方主持人学的，也不知道说得对不对。这招在很多地方都用过，都管用！

我在等现场的反应。

现场停顿了大概有一秒钟的时间，没有反应。

正在琢磨接下来的话。这一秒钟于我来说无异于一个世纪。

“YEAH！！！！！！！！”“Kia Ora！！！”

忽然全场雷动！他们没有想到一个中国人居然用他们的语言向他们问好。

哈哈！！我知道会管用的！

有了这个开场，接下来就好办了。按既定方针办！既定方针就是——我要现场教中文！

我对他们说这个节目将在中国中央电视台的国际频道播出，全国以及海外的华人都能看到，这也就意味着将有上亿甚至数亿观众会看到这个节目，他们也会看到现场观众的笑脸，因此希望现场的朋友通过镜头向中国观众问个好，向中国问个好。

“CAN YOU HELP ME?”

“YEAH！！”

“CAN YOU DO IT?”

“YEAH!”

不知道是不是奥克兰的朋友从来没有见过一个中国人拿英语调动现场气氛的，还是他们都被我所描述的数亿观众观看的情景所振奋，现场的反应好得甚至出乎我的意料，所有期待他们做出反应的点他们都会“完美表现”。

我好像也被带得更加兴奋。

我说现在我要教你们用中文向中国问好，拿出手来挥向左边说“你”，挥向右边说“好”，再挥向左边说“中”，再挥向右边说“国”。

还好咱们国家叫中国，两个字就行，要是叫“巴布亚新几内亚”之类的估计教到第二天也不成。

现场有点暗，但环顾四周依稀能看见现场所有的人，现场近两万人都举起了他们的手，跟着我的节奏，一遍遍地喊：“你好中国！你好中国！你好中国！”

YES，I DID IT!

这就是我要做的，我做到了！

烘托起这样的气氛，接下来歌手的表演当然更是大受欢迎，尽管现场的音响根本达不到演唱会的标准，但这时候已经不重要了，歌手全情演出，观众全情欣赏，我们成功地把全场的目光吸引到了这个并不标准的舞台上。

忽然想到，现场调动气氛的另外一种说法应该就是“忽悠”吧。

新西兰，且听我忽悠！

印象奥克兰

奥克兰是个海滨城市，飞机下降的时候从舷窗往外看，居然没有弥漫在北京上空的烟雾，从左看到右，整个奥克兰城市尽收眼底，不禁心生无限感慨——什么时候北京要是也能……

奥克兰城市并不大，人口也就一百多万，但在新西兰绝对是个“大城市”，要知道新西兰全国的总人口也就四百万左右，典型的人少地多型国家。

新西兰是英联邦国家，英国的痕迹无处不在。语言不用说，用的是英语，尽管口音与英国有点差别；房子都不高，多是二层独立小楼，建筑风格也多是在英国常见的；交通是靠左行的，过马路时看错边是常事；乡村风格与英国也极为相似，都是大片的草地，牛羊成群，整个国家人口不过几百万，羊口却多达四千多万头。也许当年英国人出海在外，思乡心切，也就按着老家的样子找了个地方定居了下来。

新西兰的自然风光是极为有名的，据说南岛的风光尤为迷人，电影《魔戒》的大量场景就是在南岛拍摄的。只是此次来到新西兰是为了工作，南岛是不可能去了，有机会看看奥克兰我就心满意足了，毕竟奥克兰也曾经是新西兰的首都。

但是老天总是不能尽遂人愿，华人社团接待、总领馆接待、对稿、写稿、备稿，满满的日程竟看不出有任何游览的时间。

不过终归是事在人为，到达奥克兰的第二天下午，和导演对完稿，我终于找出几个小时的空闲时间。外面阳光明媚，可千万不能辜负了这大好时光，和搭档刘欣一合计，走，先出去再说，就算去不了什么地方，在街上走走也不错。

大概征询了一下酒店前台的建议，两人拿上相机就走了出来。酒店所在的地方就是奥克兰的市中心，往北步行十分钟左右就来到了奥克兰的港口。港口所在的地区其实也是奥克兰的CBD，也是为数不多的高层建筑的集中所在地。奥克兰的港口与其他城市的港口区别其实不大，尽职尽责地实现着港口应有的功能，集装箱到处可见，也包括COSCO（中远）的集装箱。有人觉得如此黄金地段只是被用来作港口颇为不值，甚至不如其他城市如上海开发得到位。据说也有人提议要将港口移至他处，将港口位置重新进行商业开发，只是不知是因为奥克兰人的商业嗅觉不够灵敏还是不愿大动干戈破坏现在的生活节奏，该提议一直未见付诸行动。

奥克兰人的生活过得颇为舒适，生活节奏不紧不慢。守着如此得天独厚的环境，奥克兰人当然知道如何享受生活。奥克兰被称为“千帆之都”（City of Sails），这一称谓颇为传神。据说在奥克兰，每四户居民就拥有一条帆船。每到周末，带上家人好友，驾船出海，或饮酒垂钓，或享受阳光，轻松惬意，乐趣无穷。

港口附近有很多政府圈定的泊船处，据说每条船每年也要交纳不菲的泊船费，所谓买得起船养不起船可能说的就是这个道理。当然老百姓自然有老百姓的办法，没钱买大船，那就买小船，没钱租泊位，那就将就置办个船架子把船拖回家里放在后院，享受出海乐趣却省了泊船费，也算是两全其美了。

既然是港口，那就一定有渡船，可坐船去哪儿却成了问题。我们显然不是合格的旅行者，事先没做任何准备，更不知道应该去哪儿。唯一的标准就是，我们有多长时间，在这段时间内最远我们能去哪儿。

好在刘欣是个有心人，匆忙之中竟还从酒店大堂拿了一本介绍奥克兰的小册子，有了小册子的“指示”就好办了。根据“指示”，对面有个叫Devonport的地方据说不错，这是一个小岛，岛上有个小镇，不但有维多利亚式的建筑，还有一座小山能俯瞰奥克兰全城，该小镇以生活气氛闲适而闻名。

就是它了。

小岛并不远，十五分钟后，渡船靠岸。离开码头首先看见的就是一串小店，有家居用品店、饰品店及书店等。小镇游人并不多，不过这自然是以中国的标准来衡量，看惯了黄金周的人潮汹涌，到哪儿都不会觉得人多的。

所谓维多利亚式建筑其实就是指英式的老建筑，英国人来到新西兰也就是两百年前的事儿，因此再老的建筑也不过两百年，但超过百年的建筑在这儿都是宝贝，一个劲儿地保护。如刚才我们出发的码头处有一座码头大楼，始建于1912年，早年是英国海关，现在却已被视为奥克兰市的标志性建筑大加保护，大家也不觉得这样一幢老式建筑在一片现代高楼大厦间兀自站立有什么不妥。也就因为咱们老祖宗留下的宝贝太多，几百上千年的东西都顾不过来了，一两百年的物件也就不那么宝贝了。前一阵儿听说有人要将一幢有两百多年历史的茶楼卖给瑞典人，据说还是合法的，因为该建筑并没有被列入文物保护名单内，后来只是因为媒体的介入才作罢。看来咱们是“家大业大”，卖个一两幢的也不算什么，反正不卖了最终也是拆了。

当年英国维多利亚女王看来是做得太成功了，她的名字在英联邦国家随处可见，在奥克兰也是一样。有维多利亚剧院，有维多利亚广场，有维多利亚市场，有维多利亚街，还有维多利亚公园，就连我们所在的小山也被称为“维多利亚山”，英文是Mount Victoria，这么多的维多利亚也不怕叫乱了。所谓Mount其实也就是一座小山丘，有公路通往山顶，但也有小路绕山而行。在下午的暖阳中，走走看看其实也是不错的。走到山顶，向四周远眺，果然是好风光，白的是云，绿的是树，蓝的是海。奥克兰人口不多，但城市不小，从南到北，从东到西，站在并不高的维多利亚小山上，四周竟无任何遮挡，无任何迷雾，整个奥克兰尽收眼底，百舸争流，千帆竞渡，看在眼里的竟不似一个城市，而是一幅人人享受生活的闲适画面。

回到酒店和朋友说起小镇之行，不少人笑称，既然如此喜欢这座城市，不妨移民来这里算了，我也笑着答曰好主意。

真的吗？我问自己。

我不知道。

奥克兰是一座美丽的城市，而北京也许没有如此洁净的空气，也许没有海湾，也许没有帆船，也许没有那么多的绿地，但那里有我熟悉的道路，有我喜欢的烤鸭，有我的朋友，更重要的是，那里的空气中弥漫着家的味道。

在哪里也许并不重要，只要你能呼吸到家的空气。

印象哈瓦那

抵达

经过近三十个小时的颠簸，中央电视台“手拉手”代表团一行四十余人抵达古巴首都哈瓦那。

中国和古巴相距遥远，但中国人对古巴好像并不陌生，甚至张嘴就能说出卡斯特罗、雪茄、切·格瓦拉、古巴女排（尤其是路易斯）等名词。古巴人的生活究竟是什么样的？哈瓦那的街道又是什么样的？古巴人对中国有什么印象？这些问题的答案我们都不知道，好在我们来了。是的，哈瓦那，我们来了。

这次的任务是“手拉手”演出，和“中华情”相似，“手拉手”也是一场晚会，但演出更具有官方性。

先是从北京到巴黎，飞行十二个小时，再在机场等七个小时，然后转机赴哈瓦那，还得再飞十个小时，到达哈瓦那时已是当地时间第二天傍晚快七点钟了。等飞机终于在哈瓦那降落的时候，我已经几乎感觉不到自己的腿了，只能畅想着这时候要是能来个足底按摩该有多好。

哈瓦那的荷塞马蒂国际机场并不大，甚至还不到首都机场一号航站楼的规模。大楼内灯光有些灰暗，有些疲惫，有些懒散，不过也许是因为我们自己太累了而已。

走不多远就是海关。因为是公差，我们拿的是因公护照，因公护照的好处之一就是我们不需要在北京申请签证，只需有个落地签证就能入境。还好等候入境的人并不多，轮到我的时候正好赶上海关人员换班，等了几分钟终于看见窗口内伸出一只手晃了晃，赶紧向前。工作人员是一个年轻姑娘，基本没有什么交流，因为问了也是白问，语言是个大问题，再说我们拿的是因公护照，好歹还有个礼遇。但礼遇归礼遇，程序还得走，只见她拿着我的护照，翻到有照片的那一页，放到我面前，然后用手势告诉我把帽子和眼镜摘掉，然后仔细对照观察。都说在外国人眼里中国人都长得一个模样，不知道姑娘是不是可以真的分辨出不同来。

顺利过关，原以为推开前面一个小门就算正式入境了，却不承想还有一道安检程序。入关安检倒是头一遭遇到，检查并不十分严格，但多少是一道安全阀门。

经过安检，顺着工作人员的指示，我们来到行李带旁。一共有两个行李带，都已经在工作，不断有行李往外送出。正想赞叹一下古巴人民的效率，却没想到等了一个小时仍不见有任何我们的行李出现，赞叹只能照单收回，取而代之的是另外五个字——“有点不靠谱”。

忽然闻到一股烟味，难道机场内也让抽烟不成？回头一看，果见有些乘客正在吞云吐雾。转念一想，在一个以雪茄闻名天下的国家，让人们可以随时随地品味烟草的味道不正是最自然不过的规定了么。

正担心我们的行李会不会被落在巴黎的时候，突然发现我的行李早已被取下行李带静静地躺在地上许久了。接着陆续有行李出来，等所有人把行李拿齐的时候，已近晚上九点。外面已是一片漆黑，门口仅有几辆出租车在等活，沿途也不见什么霓虹灯，要看哈瓦那只能等明天了。

放下行李，默念一声，古巴，我们来了，哈瓦那，我们明天见。

老爷车

哈瓦那的老爷车绝对是一大特色，知名的不知名的，古董级甚至骨灰级的老爷车在这儿随处可见。老爷车俨然已经成了这儿的一大风景，连部长们的官方座驾都是拉达老车。

说起来也是无奈之举，古巴人的收入不高，据说平均月工资也就在人民币三百元左右，而且这还算是好的。对大部分家庭来说，车就是奢侈品，买一辆新的不太现实，但如果以前家里有车那就不一样了，好好保养，可以用久一点。车嘛，旧就旧点，能跑不就行了吗。

各种老爷车随处可见

看到在大街上跑的车中最年轻的应该是从中国进口的QQ、奇瑞和长城了，巴士多是宇通的。除此之外的大部分车都是老爷车，款式应有尽有，如假包换。尽管好多车已经"行走江湖"数十载，但依然是老当益壮，鹤发童颜。而要说到厂牌车型，拉达自是不用说，什么波罗乃兹、菲亚特126P等二十年前跑在北京马路上的老车在这儿随时都能看到，我们更是有机会坐了一趟波罗乃兹出租车，真是只有你想不到的，没有这儿找不到的车。

想来当年汽车厂商的产品质量控制做得不错，要比现在的什么两年四万公里来得靠谱得多。但质量再好也有坏车的时候，送修理厂费用太高，又不想报废，那怎么办？答案是求人不如求己。据说哈瓦那开老爷车的人也个个都是修车高手，车上工具齐备，路上万一遇上坏车什么的，打开机器盖，这儿弄弄，那儿弄弄，一会儿就解决了。正所谓自己动手，丰衣足食。

问题是几十年前汽车尾气排放标准自然不会像现在这么严格，更提不上什么欧三欧四、国三国四标准了，因此时常在马路上看见一条条乌贼车开过，对此本地人并不觉得诧异，一副见怪不怪的样。照此推理，古巴应该也不会有什么年检之类的规定，否则不是明摆着不让这些车上路吗。说来也奇怪，一辆辆老爷车在马路上“吞云吐雾”（不愧为雪茄之国），哈瓦那的空气质量却没受什么影响，依然是阳光明媚，蓝天白云，按北京的标准，绝对天天都是一级蓝天。

虽然开的都是老爷车，有的甚至又破又旧，开车人却都有相当高的开车素养。在哈瓦那几天，只看到过一次两车的小剐蹭事故，也不见两车司机有什么争吵。而且路上也绝少听到喇叭声，各车自行其道，互相礼让，绝无抢行。辅路让主路，礼让环道行车，泾渭分明，秩序井然。

也许是看出了国外游客对老爷车的好奇，也许是为了贴补家用，很多车主也开着老爷车干起了出租车的业务。按我们的理解，这是标准的“黑车”，但警察好像也不怎么管。虽然是黑车，却一点儿都不“黑”，收费与正规军差不多，且都是“议价”制，即要上哪儿要多少钱，开车之前与司机说好即可。当然我们就只坐了几次出租车，这是不是“黑车”行业标准做法就不得而知了。

还有一点我一直有些不解。古巴的油价据说并不便宜，合人民币一升也要十一二块，考虑到古巴人的收入水平（300 元人民币/月），要养个车并不是一件易事。每天在路上跑的车不在少数，只是他们都是怎么挣的油钱？

除了老爷车，哈瓦那也有三轮蹦蹦车

Live House

有一天彩排过后，同去古巴演出的歌手谷峰说一起去哈瓦那的Club看当地乐队的现场演出（Live House）吧。古巴的音乐有名我知道，谷峰是个音乐人，他推荐的多半没错，我当即就同意了。

导游告诉我们说有一个Club叫Casa de la Musica，应该就是音乐吧的意思，常年有乐队的现场演出，那天晚上应该九点开始有演出。

匆匆吃罢晚饭，我和谷峰直奔音乐吧。送我们去的是一辆小面包，司机师傅很热情，却是一句英语不会，我们也不会西班牙语，好在需要沟通的状况也不多，而且走之前导游已经将我们的目的地和司机说清楚。师傅一路狂奔（我的推断是市区是有限速规定的，只是没有如北京一样到处都是摄像头，如何遵守规定也就看个人理解了），看得出来老先生没怎么去过这个音乐吧，七绕八绕，愣是找不到方向。忽然车停了下来，回头一看，原来不知道什么时候警察跟了上来，不知道出了什么事。司机师傅赶紧下车冲着警察一通解释（哪儿的司机看到警察都是一个样儿），半途又回到车上取上驾照，又是一通解释，司机终于回到车上，继续前进，看来是没什么事。有心问问刚才出了什么状况，知道问也问不清楚，干脆作罢。

终于到了酒吧门口，看看表，正好九点！

直奔酒吧入口，却被两个彪形大汉拦住去路。问为何，答曰关门了，又问何时再有，又答曰得十一点见了。得，以为九点才开始，结果是九点关张。

音乐人自是满脸不甘，跟两大汉接着曰我就看看里面什么样儿，大汉居然点头应允。快步抢入，一看场子不小，舞台更是宽敞，上面摆满各种乐器。音乐人点点头，相当满意：看样子乐队应该小不了。可是望梅止不了渴，再怎么样也得要十一点才能开始，可明天就是正式演出的日子，今天的休息是一定要保证的，这这这……这可如何是好啊——（叫板）

一步三回头地走到门口，音乐人还是满脸不舍。此时门口大汉再次出现，说旁边就是酒吧，你们可以在那儿喝东西等到十一点再来。

来都来了，什么都没看见就回去总有不甘。得，干脆喝一小杯再说。隔壁看样子应该是相当古巴的一处所在，里面已经有不少人。入乡随俗，来古巴就尝尝这儿的朗姆酒吧，一份一块钱（比索兑换券，就像当年我国使用的外汇券，专供外国人使用，一块比索相当于七块人民币）。就算没看到现场乐队演出也值了，来了一趟古巴，毕竟还是找了个机会感受了一下当地的酒吧。

一人要了两份朗姆洒，找了张桌子坐下。和国内酒吧不同，这里并没有人演出，估计挨着一个专业演出场地也不会有人到这儿来班门弄斧，因此这儿也就是一个聊天场所。我和音乐人东拉西扯地聊了一会儿，等酒喝得差不多了，两人一商量，十一点是等不到了，还是先回吧，毕竟明天还有演出。两人刚要起身，忽然看见两位本地女子直冲我们这桌快步走来，然后径自坐了下来，用英语问我们要不要聊会儿，同时还伸手要拉我们。赶紧把手缩回，同时起身，十分“抱歉”地告诉两位姑娘：不用了！谢谢！

什么情况这是？

踏破铁鞋无觅处，得来全不费工夫。头一天找 Live House 遍寻不得，第二天代表团转往下一个目的地时在高速公路休息站却遇见几位音乐高手现场表演，音乐人评价他们的音乐说：高！实在是高！

第二天晚上“手拉手”的演出颇为成功，接着是庆功宴，音乐人却早已按捺不住，拉着我说：咱们再探 Live House！

“手拉手”演出间歇与古方合作伙伴

同行的还有一起参加演出的几位艺术家，分乘两辆老爷出租车前往。不过今天去的是导游推荐的另外一个去处，据说现在去正合适。

夜晚街上没什么车，不一会儿我们就到达目的地，问前台这里有 Live House 吗？答曰，我们这儿是 Disco。得，又跑空了，好在导游说如果这家不行对面还有一家 Jazz Café（爵士吧）。

黑漆漆的，街上没几个人。前面又是一座黑漆漆的大楼，问大楼保安这里是 Jazz Café 吗，答曰是，在三楼。一群人沿着楼梯拾级而上，还是没有灯光，到了三楼终于找到 Jazz Café，问有 Live House 吗，答曰有，但演出刚刚结束。

见鬼了，难道真是没有看 Live House 的命了不成。干脆，回昨天去过的那家 Casa de la Musica 看看去，成就成，不成回家睡觉。

再次坐上老爷出租车，来到 Casa de la Musica 门口，这回轻车熟路，直奔入口。问有 Live House 吗？答曰有！

皇天不负有心人哪!!

一行人鱼贯而入，好戏果然正在上演。音乐人手舞足蹈，美得不亦乐乎——心愿了矣！

偷渡

古巴有人口一千万左右，而在美国迈阿密就有三百万古巴人，据说很多人都是通过偷渡的方式去那里的。之所以说是偷渡，是因为古巴老百姓正常出国非常困难，也不是政府不允许，政策上没有问题，只是实际操作的时候，大部分老百姓都出不起国，因为要办手续要体检，而这些手续费用据说要几千块人民币，而老百姓的月平均工资才几百元人民币而已。但即便如此困难，还是有很多的古巴精英通过各种途径转往其他国家，以下就是道听途说的几个故事。

要偷渡，首选的国家就是美国，据说古巴距美国佛罗里达州最南端大陆也就九十海里的距离。说起来不远，但两者之间隔着的可是天然屏障——大海。对老百姓来说，他们没有多少特别的途径，只能以身试险。听说有的人就用几个篮球或是几个轮胎扎成一个简单的筏子，纵身而上奔向大洋，目的地：美国。但那只是心中的目的地，能不能到美国，或者最终能漂到哪儿，就全看上帝的安排了。据说古巴周围的洋流很多都是围着古巴岛转圈圈，漂流数天后最终见到陆地却发现又回到古巴的故事不是没有发生。有人从年轻的时候就开始“尝试”偷渡，经常借钓鱼的名义出海，出了海就直奔主题。几十年了，偷渡了N次，每次都被洋流“留”在了古巴，而被警察抓住了以后也没什么处罚，送回家了事。只是尝试次数实在多了以后，这位仁兄被终身禁止靠近海边。

古巴人有着惊人的运动天赋，古巴女排、棒球等都是世界一流的，近几年出现的110米栏好手罗伯斯更是为国人所熟知。但与欧美国家不同，古巴运动员就算出了成绩也不一定能给他们带来多少经济上的改善，国家给他们的可能就是相当于几千元人民币的奖励。他们没有广告，没有代言，回国后该怎么生活还是怎么生活，退役以后也就销声匿迹，退出了公众的视野。但在一个全球化的时代，古巴的运动天才早已被其他国家盯上，首当其冲的就是美国。在美国，棒球是第一运动，古巴的棒球运动员自然也是他们的目标。据说有一位古巴明星级的棒球运动员要去美国，临行前，古巴朋友纷纷告诫，你是我们的明星，请千万回国，明星无奈地说，我爱古巴，但我先要顾着我的肚皮。明星到了美国，刚下飞机就发现经纪人早已拿着一份合同等在那里，明星只要签字就可以开始一段全新的生活。明星的选择可想而知，不久，人们就在美国的联赛上看到了这位古巴棒球明星的身影。

城市

在演出的间隙我们也找机会参观了哈瓦那旧城，旧城位于哈瓦那湾西侧的一个半岛上，至今还留有许多西班牙式的不同时期、不同风格的古老建筑，是一个名副其实的建筑艺术宝库。但遗憾的是很多建筑都处于年久失修的状态，油漆脱落，墙皮破损，破旧不堪，有的屋顶也坍塌了，还有的已成残垣断壁。行走其间，你很容易产生一种错觉，周围的一切更像一幅电影场景，就像你不是行走在哈瓦那街头，而是出现在电影中。

老房子里住的都是老百姓

也不是古巴政府不想修整这些历史建筑，为了发展旅游业，哈瓦那部分街道已被修整一新，但因为预算不足，大部分街道仍是破旧不堪，道路坑洼不平。

让我们颇感意外的是，很多很有历史的建筑现在都已经成为普通古巴居民的住宅。听说古巴住房仍是由国家分配的，上世纪90年代，政府只是象征性地收了点钱，就将房屋所有权交给民众。虽说古巴人民贫富差距不大，但毕竟还是有所不同，稍微富裕一些的人就能将房屋修缮得很漂亮，而经济状况紧张的人则没钱修房，只能任由住房继续破旧衰败下去了。

说到哈瓦那有一个人不能不提，他就是海明威，据说他曾经这样描述古巴：“我热爱这个国家，感觉像在家里一样。一个使人感觉像家一样的地方，除了出生的故乡，就是命运归宿的地方。”足见古巴对海明威的重要影响。事实上，海明威有二十二年时间都是在哈瓦那度过的，他的大量作品都是在古巴创作的，其中包括使他获得诺贝尔文学奖的《老人与海》以及《丧钟为谁而鸣》等。

海明威故居位于哈瓦那以东大约十五公里处，已经被改建为海明威博物馆，桌椅杯具依然照当年原样摆设。为了保护文物，屋门用绳拦着，游客只能隔着门窗看室内陈设。在收藏了七千多册图书的书房里的书柜上，紧邻窗户安放着一架老式的打字机，据说当年海明威就是用这台打字机写出了《过河入林》和《老人与海》等脍炙人口的作品。

我们到故居的时候正好赶上一群小学生在故居前的小空地上表演舞蹈，看年纪小朋友们也就十岁左右，年纪不大，接受专业培训的时间应该不长，却舞得极为老练，律动的感觉从每一个身眼手法中倾泻而出。都说对于古巴人而言，舞蹈就是他们的生活，律动长在骨子里，此言不假。

在最熟悉而又最陌生的古巴待的时间并不长，我们也只是在工作之余走马观花，蜻蜓点水般走了走，看了看。古巴人看见来自中国的我们时显得非常热情，只是他们对我们也会有既熟悉又陌生的感觉。在古巴也生活着不少中国人，在很大程度上是他们在促进着两国在各个方面的交流，也许在未来的某一天，我们可以去除“陌生”，有更多的机会感受古巴人的热情，古巴人的悠闲。

▶塞尚故居院内

奥克兰码头海关大厦

▶维多利亚岛山丘上的“消息树”

▶哈瓦那随处可见的老爷车

▶走在哈瓦那的老城街道总会产生一种不真实感，觉得像走在电影场景中

▶哈瓦那的街道

亲爱的读者

读完这本书，你有什么问题要问季小军吗？请你将问题写在下面，拍照后发到新浪微博上，以＃我问季小军＃为主题，@季小军，季小军就会及时回复你的问题哦。

活动时间截止到 2012 年 10 月 15 日。

图书在版编目（CIP）数据

何必刻意/季小军著．—北京：中国人民大学出版社，2012.8
ISBN 978-7-300-16109-9

Ⅰ.①何… Ⅱ.①季… Ⅲ.①季小军-自传 Ⅳ.①K825.42

中国版本图书馆 CIP 数据核字（2012）第 160566 号

何必刻意
季小军 著
Hebi Keyi

出版发行	中国人民大学出版社		
社　　址	北京中关村大街 31 号	**邮政编码**	100080
电　　话	010－62511242（总编室）		010－62511770（质管部）
	010－82501766（邮购部）		010－62514148（门市部）
	010－62515195（发行公司）		010－62515275（盗版举报）
网　　址	http://www.crup.com.cn		
经　　销	新华书店		
印　　刷	涿州市星河印刷有限公司		
开　　本	720 mm×1000 mm　1/16	**版　　次**	2012 年 8 月第 1 版
印　　张	18.75	**印　　次**	2024 年 12 月第 4 次印刷
字　　数	240 000	**定　　价**	59.00 元